U0347223

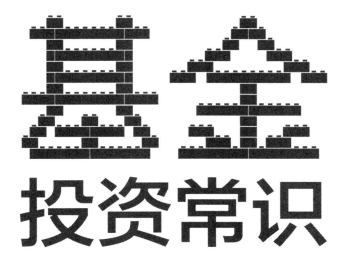

基金投资常识

无声◎著

机械工业出版社
CHINA MACHINE PRESS

《基金投资常识》主要由三部分组成，第一部分由稳健投资从基金开始、基金的分类与调性、基金投资的常识三章组成，主要讲的是在基金投资中，实际需要搞清楚的一些基础知识和常识，有助于读者快速理解基金投资这件事。第二部分由基金投资方法论、ETF 投资指南、场外指数基金投资指南、高效选择好基金的路径、基金投资的馅饼与陷阱五章组成，主要是作者在基金投资上的方法以及 ETF、场外基金投资方面的心得体会，有助于读者系统学习、参考基金投资的实践，形成自己的投资体系，指导自己的投资。第三部分是行业研究夯实基金投资基础，主要是作者在行业研究方面的一些积累，包括作者在未来 3~10 年比较看好的一些投资方向，可以给不擅长做行业研究的读者一些参考。

图书在版编目（CIP）数据

基金投资常识／无声著 . —北京：机械工业出版社，2022. 4
ISBN 978-7-111-70400-3

Ⅰ. ①基…　Ⅱ. ①无…　Ⅲ. ①基金–投资–基本知识　Ⅳ. ①F830. 59

中国版本图书馆 CIP 数据核字（2022）第 046877 号

机械工业出版社（北京市百万庄大街 22 号　邮政编码 100037）
策划编辑：李　浩　责任编辑：李　浩
责任校对：李　伟　责任印制：李　昂
北京联兴盛业印刷股份有限公司印刷
2022 年 6 月第 1 版第 1 次印刷
145mm×210mm・8. 625 印张・2 插页・182 千字
标准书号：ISBN 978-7-111-70400-3
定价：88. 00 元

电话服务　　　　　　网络服务
客服电话：010-88361066　机　工　官　网：www. cmpbook. com
　　　　　010-88379833　机　工　官　博：weibo. com/cmp1952
　　　　　010-68326294　金　书　网：www. golden-book. com
封底无防伪标均为盗版　机工教育服务网：www. cmpedu. com

前　言

打破常规，说点不一样的

在《大明风华》里，有这么一段，汉王问于谦史书都说了什么，于谦说："包罗万象"。汉王说："错了，就四个字，争当皇帝。"于谦认输。你看，从这里讲，汉王就打破常规，说了实话。不过，仁宣二帝应该是比他适合掌管天下，思路上打破常规，行事上要稳扎稳打，这不冲突。

说到打破常规，《基金投资常识》最大的价值大概就是打破大家对于基金投资的一些陈旧认识，比如投资基金不能跑赢沪深300指数，投资基金就只能长期持有，投资基金就要选低估值。当然，这一切的基础都是建立在从常识到实践的基础上，本书比较系统地介绍了基金投资的基础知识和具体方法。

投资基金是为了获取合理的收益，在合理之下，尽可能多得收益，这个认识是每一位投资者都应该树立的。如果惧怕风险，而采取极度保守的策略，过分在意低估值，投资的结果往往并不理想。既然我们来做风险投资了，就不能太保守，否则为什么不把钱存银行呢？投资都是有风险的，这个风险并不会因为估值的高低而变得大或者小，这个可能是要打破的第一个常规认识。

　　本书还要打破的第二个常规认识：选择好方向，投资基金的收益率是可以跑赢沪深300指数的。在我们的实际投资中，仿佛战胜沪深300指数这个基准几乎是不可能的，尤其是基金投资。是的，有数据统计表明，长期来看，沪深300指数是能够跑赢市场上80%投资者的（包括专业投资机构在内），战胜沪深300指数的人终究是少数。但我们如果能够发掘并坚守成长型行业，其实是可以做到的，比如从2004年12月31日有指数发布以来的17年里，沪深300指数涨幅为4.85倍，而同时期的中证消费指数涨幅为24.3倍，中证医疗指数涨幅为14.2倍。你看，是不是再次打破了一些常规认识？

　　本书还要打破第三个常规认识，做基金投资同样需要做好行业和公司研究，没有"躺赢"这一说。如果只是追求沪深300指数的平均收益率，那叫"躺平"，不需要学习本书甚至任何基金投资相关专业知识，只要坚持定投沪深300指数就好了。但我们要想取得更高的超额收益，就必须要对行业研究和公司研究有所了解。当然，需要承认的是，大部分普通投资者是不具备研究行业和公司的专业能力的，这也是我在本书中给大家补上的一课，可以参考我在书中第九章"行业研究夯实基金投资基础"点出的一些方向。

　　本书并不是离经叛道、颠覆传统。相反，书中的内容循序渐进，由浅及深，从基础的常识到最终的实践，尊重投资者学习和进化的基本规律，下面把书中的主要内容给大家介绍一下。

本书主要由三部分组成，第一部分由稳健投资从基金开始、基金的分类与调性、基金投资的常识三章组成，主要讲的是基金投资中，需要搞清楚的一些基础知识和常识，有助于读者快速理解基金投资这件事。

第二部分由基金投资方法论、ETF 投资指南、场外指数基金投资指南、高效选择好基金的路径、基金投资的馅饼与陷阱五章组成，主要是我个人在基金投资上的方法以及 ETF、场外基金投资方面的心得体会，有助于读者系统学习、参考基金投资的实践，形成自己的投资体系，指导自己的投资。

第三部分是行业研究夯实基金投资基础，主要是个人在行业研究方面的一些积累，包括个人在未来 3~10 年比较看好的一些投资方向，可以给不擅长做行业研究的读者一些参考。

本书的最终出版也是一波三折，在投资实践中，每次回顾以前的文字都有不同的体会，于是就对其中的内容反复修改；过段时间，又有不同的体会，遂又决定修改；几次下来，不仅拖延了交稿的时间，一度差点放弃。最终在朋友的建议下：原稿不动，真实展现，不断进步，最终交稿。

在此，要特别感谢我的好友张亮，他是神经学博士，曾在中国科学院上海生命科学研究院神经科学研究所工作，后全职投资，被我戏称为"被股市耽误的国之栋梁"，在投资上尤其是行业研究上给我很多指导和帮助，比如本书的第九章就离不开他的帮助和支持。还要感谢机械工业出版社和李浩先生及各位编辑老师的帮助，更要感谢各位关注和信任我的读者朋友，没有你们的支持，这书怕是写不下来，也出版不了。书中必然有很多不足和遗漏，欢迎大家在我的自媒体留言指正，再做交流。

我会将本书的稿酬全额捐献给慈善机构，欢迎关注监督。

从不知道到知道，从知道到做到，关于基金投资的事情，《基金投资常识》也许能告诉你一些不一样的内容！知行就在此刻，知行也在此中，希望各位能有所收获。

无 声（许 伟）
2021 年 11 月 1 日

免责声明：

本书仅做投资交流，书中涉及的基金仅用作验证投资方法和逻辑，不构成任何投资建议，也不做任何投资推荐，切莫据此操作。投资有风险，入市需谨慎。

目　录

|后记|让学习创造价值|

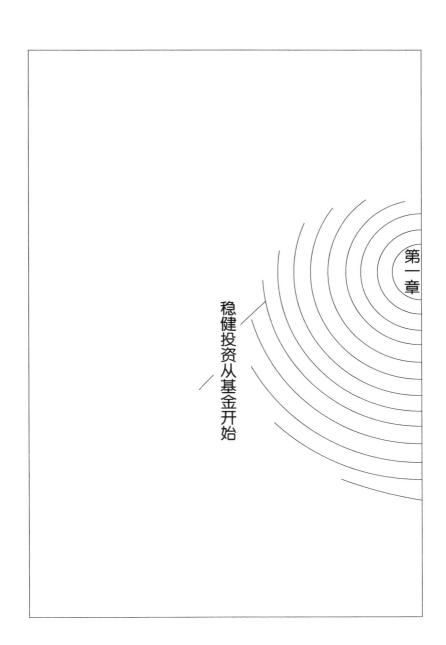

第一章

稳健投资从基金开始

第一节　单纯依靠职场，有希望财务满足吗

这个世界上有一个"二八法则"，也就是说任何一项事业，最终能够取得平均线以上成绩的人只占20%，其余的80%的人是在平均线以下的。所以，大部分人依靠职场收入是无法实现财务满足的（这里我就不说财务自由了，这个概念太宽泛）。而且就职场来说，公职、事业单位和国企还好说，可以稳稳当当地干到退休，如果你在北上广深的互联网类民企，对不起，请做好35岁"被迫辞职"的准备吧。在这样的情况下，每一个人都应该考虑资产增值的问题，越早越好，形成良好的习惯，让自己的后半生有选择的权利。

第二节　我们都有哪些理财途径

目前，已知的理财途径主要有六种。

一、现金理财

现金理财主要是银行存款，我们从表1-1中可以看到，截至2020年9月30日，我国主要银行的活期利率为0.3%，定期存款1年期最高为1.95%，5年期最高为3.2%，基本上跑不赢通胀。

表 1-1　我国主要银行存款利率

银行	活期（年利率%）	定期存款（年利率%）					
		3 个月	6 个月	1 年	2 年	3 年	5 年
工商银行	0.3	1.35	1.55	1.75	2.25	2.75	2.75
建设银行	0.3	1.35	1.55	1.75	2.25	2.75	2.75
交通银行	0.3	1.35	1.55	1.75	2.25	2.75	2.75
农业银行	0.3	1.35	1.55	1.75	2.25	2.75	2.75
中国银行	0.3	1.35	1.55	1.75	2.25	2.75	2.75
广发银行	0.3	1.4	1.65	1.95	2.4	3.1	3.2
光大银行	0.3	1.4	1.65	1.95	2.41	2.75	3
华夏银行	0.3	1.4	1.65	1.95	2.4	3.1	3.2
民生银行	0.3	1.4	1.65	1.95	2.45	3	3
平安银行	0.3	1.4	1.65	1.95	2.5	2.8	2.8
浦发银行	0.3	1.4	1.65	1.95	2.4	2.8	2.8
招商银行	0.3	1.35	1.55	1.75	2.25	2.75	2.75
中信银行	0.3	1.1	1.3	1.5	2.1	2.75	2.75

二、债券理财

债券理财主要分为两类，一类是国债，一类是债券基金，债券基金我会在后面专门具体讲。

国债，又称国家公债，是由国家发行的债券，是中央政府为筹集财政资金而发行的一种政府债券，是中央政府向投资者出具的、承诺在一定时期支付利息和到期偿还本金的债权债务凭证，由于国债的发行主体是国家，所以它具有最高的信用度，被公认为是最安全的投资工具。

从种类上看，国债主要分为四种。

（1）无记名式国债。这类不记名、不挂失，可以上市流通，购买手续也比较便捷。

（2）凭证式国债。凭证式国债是指国家用填制国库券收款凭证的方式发行的债券。

（3）记账式国债。没有实物形态的票券，而是以电脑记账方式记录债权。

（4）电子储蓄国债。以电子方式记录债权的储蓄国债品种。

2020年发行的国债，3年期年利率为3.8%，5年期年利率为3.97%，从利率上看，能勉强追上通胀。

三、黄金白银

投资黄金白银主要有三种方式，一是实物现货，二是贵金属交易平台，三是基金。首先要告诉大家的是，不要参与任何贵金属交易平台，大多都涉嫌欺诈，各类违规违法案件层出不穷。黄金和白银这类以保值为基础的贵金属被资本化后，弹性非常大，而购买实物黄金的朋友大部分都是为了保值，那么从这个角度出发，就不要过度关注黄金价格的波动（黄金现货交易摩擦成本特别高，波动操作可以通过黄金基金实现），特别是刚刚处在上升期的现在，就是单纯保值就好，还是能跑赢通胀的（见图1-1）。

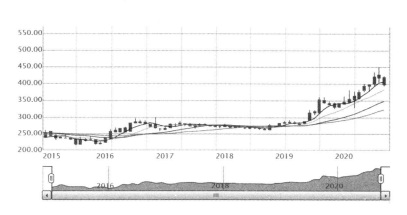

图 1-1　黄金价格走势图

四、外汇

以往投资外汇是利用汇率波动做短期理财的方式，现在也不适用了，因为按照最新规定，年度个人购汇便利化额度为 5 万美元，额度非常低。

五、股票

目前，两市 A 股已有 4000 余家上市公司可供投资选择。需要注意的是，创业板和科创板都有一定的门槛，投资者需要具备一定的资金量和投资经验才可以开通。除了 A 股以外，国内可供交易的股票还有 B 股。它是以人民币标明面值，以外币认购和买卖，在中国境内（上海、深圳）证券交易所上市交易的外资股。

B股作为历史产物，曾经发挥了很重要的作用，但是由于受到流动性和交易门槛限制，普通投资者大致知道即可，没有必要兑换外汇再去参与。

目前我们还可以通过沪港通投资香港证券市场，只要满足存量资金 50 万元以上，就可以在境内购买符合沪港深标准的香港上市公司股票。

六、基金

广义的基金包括信托投资基金、公积金、保险基金、退休基金，以及各种基金会的基金，这些都不是我们作为基金投资者关注的重点，也不是可以投资的主要品种，我们应该关注和了解的是证券投资基金。广泛受认可的证券投资基金的分类主要有五种。

（1）按照份额是否可以增加或者赎回，分为开放式基金和封闭式基金。开放式基金大致是 ETF 基金（包括 LOF 基金），可以通过银行、券商、基金公司申购和赎回，基金规模不固定。封闭式基金有固定的存续期，一般在证券交易场所上市交易，投资者通过二级市场交易。

（2）从组织形态方面，分为公司型基金和契约型基金。公司型基金是指通过发行基金股份成立投资基金公司的形式设立，这种情况在国外比较常见。我们国内的证券投资基金基本都是契约型基金，由基金管理人、基金托管人和投资人三方通过基金契约设立。

（3）从风险偏好方面，基金公司和证券公司对外宣传会把基金定位为成长型基金和价值型基金，还有一类是股债平衡型基金。

（4）从投资品种方面，基金可以分为股票基金、债券基金、货币市场基金、期货基金、QDII 基金等。

（5）从主观能动性方面，可以分为被动型基金和主动型基金。被动型基金主要是指完全跟踪指数的指数型基金，主动型基金分为完全主观投资的基金以及指数增强型基金。

第三节　股权是普通居民未来投资复利的主要品种吗

对于能够让普通居民广泛参与的财富投资行为，每个时代都有不同的载体。在 20 世纪八九十年代，市场经济刚刚开始的时候，个体户成为第一代全面财富增值的选择，现在我们回头来看，在那个年代敢于下海经商的，敢于做个体户的，不管你是开工厂，还是自己经营一个小卖部，都成了那个时代的受益群体，也是最大的受益群体。与之对应的是国企职工，坚守着自己的岗位，经历的是大面积的下岗，工资涨幅赶不上物价涨幅，始终都在为了基本的生活在忙碌。这是我记忆的第一次全面财富增值的好机会，机会留给了看准时机、敢于放弃安逸生活、追赶时代浪潮的一代人。

当时间来到 2000 年前后的时候，房地产 20 年黄金周期启

动，这次全面财富增值是参与人数最多的一次，几乎实现了城市
人口人人皆有房产，人均居住面积达到了 36 平方米（中国房地
产行业协会主席刘志峰，2017 年），2019 年底，我国的城镇化常
住人口的城镇化率为 60.6%。而房价的涨幅也是相当惊人的，在
2000—2020 年这 20 年的时间里，深圳主要城区的房价增长都在
20 倍左右，这可是史无前例的全面增值。

　　时间来到当下，房地产领域已经不再具有更广泛的增长空
间，"房住不炒"已经成为基本政策。什么又是下一轮全面财富
增长的主要工具呢？目前看，是股权投资市场，而一级市场和风
险投资并不适合普通居民大规模参与，其涉及的能力和资金门槛
都很高，所以二级市场就成了主要的途径。

　　关于这一判断的依据，可以详见 2018 年 10 月以来高层的各
种谈话和顶层设计，其中比较核心的一句话：改变过去以间接融
资为主体的融资环境，建立以资本市场为主体的直接投融资环
境。资本市场和股权投资的大时代才刚刚开始。

第四节　二级市场会更公平吗

　　关于二级市场的问题，大家听到最多的大概是老鼠仓和上市
公司造假，比如扇贝游走了，扇贝又游回来了。总的来说，问题
有很多，这里我们看两个方面。

　　（1）对比房地产领域，你会发现二级市场的问题并不是看
起来那么过分。

（2）看看 2020 年以来的制度性改革，二级市场确实在不断变好。

我们来看房地产领域的问题，仅仅举例两个公开的消息，大家自己看看，一个是 2019 年全国走向破产程序的房地产公司有 43 家，而且近几年情况都差不多；另一个是 2019 年 11 月 18 日国家市场监管总局打击侵害消费者个人信息违法行为专项执法行动专题新闻发布会公布，2019 年 4 月 1 日至 9 月 30 日共立案查办各类侵害消费者个人信息案件 1474 件，查获涉案信息 369.2 万条。更不要说其他的哄抬房价、烂尾楼、劣质装修等无法公开查到信息的问题了。大家看是不是问题也不少？可是依然没有阻挡房地产领域 20 年的长牛周期。

关于二级市场越来越公平的方面，我们不要纠结过去的不好，我曾经多次在公开场合说过。打个比方，以前的 A 股就像一个屡次考 C 的学生，但是这个学生的家庭和个人悟性都不错，以前之所以总是考 C 是因为没人管教；现在家庭开始重视他的管教了，那么迎接他的只会是往上，从 C 到 B，从 B 到 A，未来的每一步都是进步，这不是一个极好的事情吗？

我们来看下资本市场在制度性建设方面的进展。2019 年 7 月 22 日，科创板揭牌并率先实行注册制；2020 年 8 月 24 日，创业板实行注册制；2020 年 3 月，修订后的《中华人民共和国证券法》共修改 166 条、删除 24 条、新增 24 条，最大的变化是大幅提高违法成本，并专章规定投资者保护制度；2020 年 9 月，投资者补偿机制开始讨论立法。

在违法查处方面，对康得新、康美药业的查处空前严格，对ST天山等恶性炒作的处理也是从来没有过的。我们有理由相信，二级市场在以信息合规披露为前提的注册制落地之后，未来随着退市制度和惩罚制度的到位，会越来越公平。

第五节　投资二级市场能增值吗

投资二级市场显然是可以增值的，我们仅仅看指数方面，选择最具代表性的沪深300指数，以2004年12月31日的1000点为起点，截至2020年9月30日收盘为4587点，涨幅达到了358.7%，年化收益率约11%，如果再加上每年约2%的分红，实际年化收益率为13%（见图1-2）。大家觉得这个收益率低吗？还觉得二级市场不能增值吗？

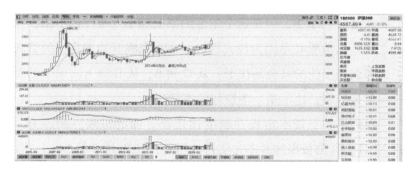

图1-2　沪深300指数走势图

我再举个行业指数的例子，中证消费指数，还是以2004年12月31日为起始日的1000点为起点，截至2020年9月30日，以 22860 点收盘，涨幅为 22.86 倍，年化收益率为 23.2%，如果再加上每年约 2% 的分红，年化收益率约为 25%（见图 1-3）。

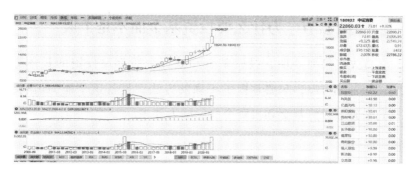

图 1-3　中证消费指数走势图

这里面需要解决的是入场的时机和具体标的的选择问题，这也是我构建"悄悄盈"股票基金组合和"年年红"绝对收益债券组合的意义。

第六节　什么是股票指数

在刚才的例子里，提到的沪深 300 和中证消费都是指数，可能有些新手投资者对指数的概念还有有一定的疑问，我们先解决这个问题，什么是股票指数？按照我通俗的讲法，就是按照一定的标准筛选一揽子股票，按照一定的市值加权计算方法，计算所得的一个数据，这个数据的计算方法基本保持不变，只是每半年会淘汰不符合标准的个股，再纳入符合标准的个股，也就是优胜劣汰，这就确保了指数选取的都是相对优秀的公司，也就实现了总体向上的持续上涨。

第七节　为什么要投资基金而不是个股

首先必须要说明，投资基金和投资个股都是投资的具体方式，两者都可以，只要掌握了正确的方法，具备这个能力就行。我们来看下投资基金和投资个股的能力要求。

一、投资个股的能力要求

（1）对公司基本面的研究能力。

（2）面对巨大波动的抗压能力。

（3）日常交易的冲动。

这三条看起来简单，如果展开说就复杂了，正是这三个方面的要求，最终导致了股票投资"七亏二平一赚"的定律。

二、投资基金的能力要求

投资基金不需要研究公司的基本面，也不需要担心踩了雷，跌了涨不回去，只要自己不冲动交易，那么只有选择具体品种的问题。

（1）没有超额要求，只要求跑赢货币基金和通胀，风险偏好比较低，可以选择债券基金（可以参考我的"年年红"债券基金组合）。

（2）有一定的超额要求，风险偏好比较高，可以选择指数基金，比如沪深 300 指数和中证 500 指数。

（3）有超额收益要求，风险偏好高，承受能力强的，可以选择主动型基金。

对比以上投资个股和基金能力要求的不同之处，是不是大部分人更适合投资基金呢？

第八节　投资基金真的可以长期赚钱吗

投资基金真的可以长期赚钱，这里从两个方面可以验证。

（1）参照前面举例的沪深 300 和中证消费指数，只要我们投资保持跟踪的指数基金或者是有增强策略的基金，都保持了绝对的正收益。从图 1-4 中可以看到，目前市场上总共有 112 只跟踪沪深 300 指数的指数基金（含增强型），其中满 3 年的基金有 61 只，全部都是正收益。图 1-4 中的这些基金是收益率靠前的几只，可以看到，在 3 年时间里，收益率最高的沪深 300 指数基金达到了 60% 或 70% 以上。

（2）我们来看下所有基金收益率的情况。目前市场上 6560 只基金，以 3 年期为界，其中取得正收益的基金约 3600 只，取得 50% 以上收益率的基金有 1000 余只。也就是说，只要你稍微做些选择，就可以买到确保 3 年期正收益的基金，如果能有些基金研究和选择能力，在 3 年内取得 50% 以上收益率的概率非常大。

　　所以，这个答案是不是很明确？

对比	基金名称 代码	基金类型	净值 日增长率	近1周	近1月	近3月	近6月	今年来	近1年	近2年	近3年著	手续费	购买起点
☐	西藏利得沪深300指数增强A 673100	股票指数	1.8017 (-0.28%) 日期: 09-30	-1.24%	-2.58%	16.88%	40.42%	35.61%	49.48%	74.47%	72.84%	0.08% 0.80%	100元
☐	汇安沪深300指数增强A 003884	股票指数	1.6813 (-0.21%) 日期: 09-30	-1.73%	-4.88%	12.50%	36.31%	28.98%	42.86%	64.24%	60.26%	0.12% 1.20%	100元
☐	安信量化精选沪深300增强A 003957	股票指数	1.6029 (-0.00%) 日期: 09-30	-1.09%	-3.21%	17.15%	37.40%	28.11%	41.04%	62.50%	58.19%	0.08% 0.80%	100元
☐	安信量化精选沪深300增强C 003958	股票指数	1.5855 (-0.09%) 日期: 09-30	-1.09%	-3.22%	17.26%	37.26%	27.92%	40.76%	61.84%	57.23%	0.00%	100元
☐	华安沪深300指数增强A 002876	股票指数	1.8661 (-0.13%) 日期: 09-30	-0.90%	-3.83%	15.76%	37.08%	26.45%	38.01%	63.12%	54.02%	0.12% 1.20%	100元
☐	中金沪深300C 003379	股票指数	1.7304 (-0.02%) 日期: 09-30	-1.10%	-3.55%	15.54%	36.11%	27.74%	38.48%	57.37%	49.13%	0.00%	1000元
☐	汇安沪深300指数增强C 003885	股票指数	1.5582 (-0.21%) 日期: 09-30	-1.73%	-4.91%	12.39%	36.06%	28.62%	42.30%	62.52%	48.63%	0.00%	100元
☐	前海开源沪深300指数 000656	股票指数	1.6340 (-0.06%) 日期: 09-30	-1.09%	-3.26%	16.80%	35.49%	25.15%	36.24%	54.94%	47.87%	0.12% 1.20%	100元
☐	华安沪深300增强A 000312	股票指数	2.2128 (-0.24%) 日期: 09-30	-1.06%	-4.54%	16.01%	36.63%	28.20%	36.50%	56.51%	47.50%	0.12% 1.20%	100元

图 1-4　部分跟踪沪深 300 指数的指数基金

第九节　投资基金可以十年十倍吗

　　首先请允许我笑一会儿，这个笑很复杂，既有被戳到笑点，又有感叹普通投资者对于财富的渴望是多么强烈。然后，给出我的答案：理论上是有机会实现的。

　　从历史上看，比如全仓中证消费指数基金并在这个过程中适当地做一些大的波段，但这是历史，你知道未来哪个行业可以实现这样持续 10 年以上的高增长吗？消费、新能源车、医疗等都是我定投的方向，但我也只能说未来 3~5 年还是确定的，世界变化这么快，超过 3 年或者 5 年，谁也无法预料，只能深度研究和及时跟踪，以期能够抓住最好的投资机会。

所以，十年十倍理论上是有可能实现的，但是理论和实际总是相距甚远，尤其是对于普通投资者，千万不要把十年十倍作为必然实现的目标，这需要极其强大的投资能力和良好的心态保障，以及一点点运气，毕竟有 80% 的投资者（包括公私募机构、牛散）都跑不赢沪深 300 指数。

但我们还是要保持信仰，然后脚踏实地，努力实现良好的复合收益。

本章读后笔记

- 大部人仅仅依靠工资收入，是无法实现基本的财务满足的。
- 房产的黄金 20 年已经过去了。
- 股权投资的黄金时代已经来临。
- 投资基金是最适合普通投资者的复利投资工具。

读 后 作 业

以 3 年期为界，取得 50% 以上收益率的基金有多少只？你会怎么选择这些基金？

有答案写出来，没答案我们继续学习。

第二章

基金的分类与调性

基金投资中的很多基础知识还是需要大家认真了解的，只有熟悉和知道这些基础知识才可以更好地做好基金投资。本章继续讲解日常中大家的在基础知识方面的关注点，便于大家理解。

第一节　基金的分类

一、主动型基金

按照我的解释，主动型基金就是根据一定的策略、方法或者体系，按照基金经理和基金公司的主观意愿构建并管理的基金。

二、被动型基金

被动基金就是被动跟踪某一个具体的指数，完全复制这个指数的成分股以及比例，完全满仓持有，不加入任何主动策略和主观行为，不做任何择时和择股的选择，被动基金也被叫作指数基金。

三、指数基金

指数基金有两种，除了包括刚才说的完全复制跟踪指数的被动型基金之外，还有一种产品叫指数增强型基金，所谓指数增强型基金，就是在被动跟踪的基础上，加入一定策略，或者量化，或者择股，或者择时，或者控制仓位等，对指数基金进行一定的主观修正，但又不会偏离跟踪的指数太多（一般偏离度控制在30%以内）。

第二节　Smart 贝塔基金

这里我用约翰·博格的话作为答案解释 Smart 贝塔基金：他们可能将一种量化的、基于固定规则的策略变成一种特殊的指数。这种策略通常被称为"Smart 贝塔"，这实在是披着指数羊皮却是主动管理的狼。我非常怀疑它长期存在的能力。提供投资范围狭窄，甚至带有投机性的指数基金是能够短期吸引资金流入的策略，但不是好的长期投资策略。

我拒绝吹捧包括神奇公式、标普红利等在内的 Smart 贝塔基金。一方面 Smart 贝塔基金采取前置因子的方式，加入主动策略，在收费上，就有理由"适当"多收费用了。另一方面，我并不像约翰·伯格一样认定不能加入任何主动策略，但我认为 Smart 贝塔基金采取前置因子的方式，远远不如指数增强型基金的后置因子，也就是不如指数增强型基金的可调整的数据模型和基金经理的主动管理。

比如，2019 年几乎所有成功的主动型基金都重仓了贵州茅台和中国平安这些龙头，但是在 2020 年几乎可以肯定，这些龙头一定不会继续 2019 年的涨幅，这个时候由于 Smart 贝塔基金采取前置因子的方式，它的主动因子就不能起到主动调整的作用，反而是指数增强型基金可以通过修改数据模型，比如由龙头策略转移到低估值策略，可能就会有比较不错的效果，或者通过基金经理的仓位控制化解风险。所以，如果把 ETF 比作羊、Smart 贝塔基金比作披着羊皮的狼，主动管理型基金比作狼，那么指数增强基金应该更像狼狗，有着狼的本性，但绳子（跟踪测指数）还掌握在投资者手里。

为了对比指数 ETF、Smart 贝塔、指数增强三者在收益和成本上的区别，也就是，羊、披着羊皮的狼、狼狗三者的收益和成本区别，我选取了易方达沪深 300ETF 联接（110020）、银河沪深 300 价值指数（519671）、富国沪深 300 增强（100038），来做下对比。

（1）易方达沪深 300ETF 联接（110020）。收益率：2019 年以来收益率为 28.93%，2 年收益率为 - 0.38%，3 年收益率为 16.12%。成本：申购费率为 0.12%，管理费率为 0.15%（每年），托管费率为 0.05%（每年），赎回费率取个高点按照 0.5% 计算，预计总的持有成本（不再具体计算持有天数导致的赎回费变化，以及指数的使用费用等）在 0.82%（1 年左右买卖一次）左右（见图 2-1）。

	近1周	近1月	近3月	近6月	今年来	近1年	近2年	近3年
阶段涨幅	-0.79%	-0.55%	1.49%	7.96%	28.93%	24.06%	-0.38%	16.12%
同类平均	-1.27%	0.17%	2.55%	9.56%	29.95%	24.89%	-1.62%	3.98%
沪深300	-0.83%	-0.54%	1.54%	6.56%	28.73%	23.54%	-4.30%	10.06%
跟踪标的	-0.83%	-0.54%	1.54%	6.56%	28.73%	23.54%	-4.30%	10.06%
同类排名	560 | 1317	825 | 1312	794 | 1271	679 | 1195	553 | 1081	539 | 1054	375 | 819	225 | 634
四分位排名	良好	一般	一般	一般	一般	一般	良好	良好

图 2-1　易方达沪深 300ETF 联接

（2）银河沪深 300 价值指数（519671）。收益率：2019 年以来收益率为 21.56%，2 年收益率为 2.9%，3 年收益率为 33.05%，分别跑输易方达沪深 300ETF 联接 7.37%，跑赢 3.28% 和 16.93%。成本：申购费率为 0.12%，管理费率为 0.5%（每年），托管费率为 0.15%（每年），赎回费率取个高点按照 0.5% 计算，预计总的持有成本（不再具体计算持有天数导致的赎回费变化，以及指数的使用费用等）在 1.27%（1 年左右买卖一次）左右，比易方达沪深 300ETF 联接多出 0.45% 的成本（见图 2-2）。

阶段涨幅	季度涨幅	年度涨幅		下载天天基金手机版，随时查看阶段涨幅			截止至 2019-11-27		更多>
	近1周	近1月	近3月	近6月	今年来	近1年	近2年	近3年
阶段涨幅	0.28%	-1.24%	1.33%	5.18%	21.56%	17.11%	2.90%	33.05%
同类平均	-1.27%	0.17%	2.55%	9.56%	29.95%	24.89%	-1.62%	3.98%
沪深300	-0.83%	-0.54%	1.54%	6.56%	28.73%	23.54%	-4.30%	10.06%
跟踪标的	0.39%	-1.41%	1.39%	2.19%	18.27%	13.60%	-5.47%	19.78%
同类排名	177｜1317	1003｜1312	828｜1271	828｜1195	771｜1081	741｜1054	283｜819	91｜634
四分位排名	优秀	不佳	一般	一般	一般	一般	良好	优秀

银河沪深300价值指数 519671

图 2-2　银河沪深 300 价值指数

（3）富国沪深 300 增强（100038）。收益率：2019 年以来收益率为 32.27%，2 年收益率为 10.22%，3 年收益率为 33.06%，分别跑赢易方达沪深 300ETF 联接 3.34%、10.6% 和 16.94%。成本：申购费率为 0.12%，管理费率为 1%（每年），托管费率为 0.18%（每年），赎回费率取个高点按照 0.5% 计算，预计总的持有成本（不再具体计算持有天数导致的赎回费变化，以及指数的使用费用等）在 1.8%（1 年左右买卖一次）左右，比易方达沪深 300ETF 联接多出 0.98% 的成本（见图 2-3）。

图 2-3　富国沪深 300 增强

　　你们看到了什么？羊的费率是最低的，但同样的收益率基本跟指数保持同步（略高一些）；披着羊皮的狼的费率要高出 50% 左右，但收益率并不稳定，超额收益只有在特定环境下（以银行价值 300 为例，在 2016 年市场极寒复苏的时候效果最好）才有；狼狗的费率要高出近 100%（比 Smart 贝塔基金高出不到 50%），超额收益率一直比较高而且平稳。说一句，我没有选择××公式和××红利的指数基金做对比，除了其指数编制本身就是舶来品和自己加上去的国产指标外，实在是不想让其难堪，收益率和成本严重不匹配。

　　结果已经摆在了这里，你们会怎么选呢？每个人都有自己的答案，约翰·伯格开创了 ETF，所以他选择羊。而我觉得这三者里面，狼还是可以的，只要紧密跟踪，我相信获取超额收益的概率比较大，这也是我在构建"悄悄盈"组合时的基本出发点。

　　另外，关于基金公司试点浮动费率的事情，我想用约翰·伯格先生的一句话结尾：它们可能尝试推出新的主动型基金，它们可能（非常不情愿地）试水传统的指数基金。但是，它们不会削减它们的管理费，因为小幅的削减没有任何意义。而大幅的削减费率将使内部人员的报酬大幅降低，而对于内部人员实际控制的公司来说，这么做明显不符合它们的利益。

让基金公司真正为投资者服务的路，道阻且长，让我们一起推动它们改变吧。

第三节　ETF 和场外指数基金

一、ETF 基金

ETF 的全称是交易型开放式基金，简单理解为可以在二级市场像投资个股一样实现自由买卖的基金。ETF 也是基金，所以一般习惯将其分为指数型和主动管理型两种，只不过指数型的 ETF 由于可预期的长期向上，以及跟踪成分股比较分散等特点，所以更加大行其道。

关于 ETF 和指数基金的区别，抛开主动型 ETF，单独说指数型，应该说指数基金包括 ETF 这种形态，除此之外，还有场外的指数基金，分别是 ETF 联接（场外的 ETF）、指数增强型基金，还有场外的完全跟踪基金，多见于行业指数基金。

二、场内和场外

场内是指在交易所交易，场外是指在交易所以外进行投资交易。比如，第三方基金销售平台、基金公司平台、银行理财子公司平台等。ETF 只能在场内交易，对于规模比较大的 ETF，有的基金公司会发行 ETF 联接，也可以购买。对于场外基金来说，我比较推荐第三方平台，比如天天基金和蛋卷基金，费用比较低，蚂蚁要稍微高点，基金公司和银行只有特定品种费用便宜，但确实第三方更有公正性。

三、LOF 基金

LOF 基金是我们国家特有的一种基金，应该是只有在深交所才发行和交易，它的全称是上市型开放基金。关于 LOF 跟 ETF 的区别，简单来说 LOF 除了可以像 ETF 一样在深交所交易之外，投资者还可以在场外通过第三方平台、银行、基金公司等渠道购买。

四、股票型基金

一般意义上，我们所说的股票型基金就是以股票为一揽子投资品种的基金，也叫普通型基金，按照目前市场的划分，股票型基金有三种主要风格，分别是价值型、成长性和平衡性。普通股票型基金仓位通常是 80%～95%（最高就是 95%），必须持有至少 5% 的现金应对基金的申购赎回，因为普通基金申购赎回都是以现金进行的，所以股票型基金永远都不会满仓，总会有 5%～10% 的仓位采取现金或者现金理财的方式存在。

五、混合型基金

混合型基金是指可以同时投资于股票、债券甚至现金理财等品种的基金，从实际的运行来说，混合型基金一般分为两种，一种是激进型混合基金，另一种是保守型混合基金。激进型混合基金以个股投资为主。保守型混合基金会以绝对收益为目标，比如收益率为4%~9%，混合搭配股票、债券、货币基金等。混合型基金的仓位控制可以在0~95%之间浮动，比股票型基金更灵活和主动。

第四节　基金的其他分类

一、债券型基金

债券型基金是指以国债、信用债、二级债等固定收益类金融工具为主要投资对象的基金，也被称作"固定收益基金"。有机构根据投资债券的比例也把债券分为纯债券型基金与偏债券型基金，还有投资机构按照投资品种将其分为信用债基金、国债基金、可转债基金等。

从债券基金的普遍特点来看，其往往具有以下三个特点。

（1）风险比较低，但预期收益也比较低，风险和收益都介于货基和股票之间的位置。

（2）费率低，一般情况下，包括管理费、托管费等在内的综合费用为0.8%~1%，比股票型基金要低20%~50%。

（3）注重当期收益，一般以年为单位，尽量追求一个稳定且绝对的收益，而不会过多冒险追求更高收益。

这些特点非常适合低风险偏好的投资者选择和投资。

二、QFII 和 QDII 基金

QFII 是英文 Qualified Foreign Institutional Investors 的简称，这是特指按照一国的规定，合格的境外机构投资者（QFII）将被允许把一定额度的外汇资金汇入并兑换为当地货币，通过严格监督管理的专门账户投资当地证券市场，各种所得经审核后可转换为外汇汇出，是一种有限开放本国证券市场的举措。这个大家了解就好，也用不到。

普通投资者真正应该了解和投资的是 QDII 基金，它跟 QFII 正好相反，通俗点说，就是境内投资者通过 QDII 基金有限额地投资境外证券市场的基金。目前，境内 QDII 基金主要投资的市场是港股和美股，部分会涉及日本股市，近年来还有个别 QDII 基金专门针对德国、法国和英国等欧洲市场。

三、FOF 基金

FOF 的英文全称是 Fund of Funds，也就是基金中的基金，这种基金不投资公司股票和债券，而是主要投资于各种股票型基金和债券型基金，间接投资于股票和债券。

FOF 跟目前我做的基金组合的区别主要有以下三点。

（1）FOF 基金本身有管理费用，造成二次收费，而基金组合没有任何额外收费。

（2）绝大部分 FOF 都会优先考虑本公司的基金产品，而基金组合能够全市场选择优秀基金。

（3）相当一部分 FOF 可能每周或者每个月才能申购一次，而且大部分申购门槛要 100 元以上起步，而基金组合可以随时申购，门槛也比较低，几十元就可以。

四、货币基金

货币基金是指专门投资风险低的货币市场的基金，它具有高安全性、高流动性、收益稳定性、投资起点低、分红免税等，其预期收益率大大超过银行活期利率，所以大大受到普通投资者欢迎。但它并非绝对安全，遇到一国货币市场大动荡的时候，也会有亏损的风险。

五、封闭基金

封闭基金是指按照一定约定时间，比如 1 年或者 18 个月为封闭周期，一旦认购结束，规模不变，总份额不变，封闭期间不准赎回的基金。如果基金投资者想交易的时候，可在二级市场（交易所）进行竞价。不过，交易的价格可能跟净值不一致，如果买的人多，那么价格可能就要高一些，叫溢价；如果买的人少，那么价格可能就要低一些，叫折价。另外，封闭基金的费率一般比较高，投资者需要注意。

本章读后笔记

- 基金的主要分类。
- ETF 是指数基金的一种。
- 场外基金分为主动型和被动型。
- 除了股票型基金，还有债券型基金、货币基金。

读 后 作 业

ETF 交易方便还是场外基金交易方便？债券型基金的风险高还是股票型基金风险高？你更倾向于投资哪类基金？

有答案写出来，没答案我们继续学习。

第三章

基金投资的常识

第一节　指数的分类和基金的评级

一、国内指数发布公司

国内目前具有指数发布和编制资格的只有三家，分别是上交所、深交所和中证指数有限公司。最具有广泛参考和使用价值的，是中证指数有限公司发布的各类指数。

（1）上交所开发的上证系列指数。上交所主要针对上海证券交易所的股票开发指数，比如上证指数（上海证券综合指数），上交所主要是大盘股、国企股多，所以指数以大盘股为代表，代表的指数有上证50、全指价值、红利指数。

（2）深交所开发的深证系列指数、国证系列指数。深交所下属的深圳证券信息有限公司发布有深证系列指数、国证系列指数，这两年开始集中发力国证系列指数，大有追赶中证指数有限公司的趋势。深证系列指数主要有深圳成指、深证红利、创业板指等指数。其中国证指数系列是2002年后推出跨沪深两市场系列指数，覆盖了上交所和深交所的股票，不再局限于国证50、巨潮100等宽基类指数，这些年也发布了新能源车、芯片、医疗、科技类等各种细分行业指数。

（3）中证指数有限公司开发的中证系列指数。中证指数有限公司是由上交所和深交所共同出资成立的，是最为市场广泛接受和认可的指数编制公司，历任编委都是境内或香港市场上的资深人士，著名的沪深300、中证500等宽基指数都是出自该公司，目前各类指数达到了1800多个。

二、基金的评级机构

基金的评级机构主要有晨星网、理柏公司、中信基金、银河证券。这里重点讲晨星网。

晨星评级：中国晨星每个月的月初都发布一个评级报告，对所有成立时间1年以上的基金分类进行评级，分为五星、四星、三星、两星和一星。五星最高，一星最低。

打开晨星网后，可根据左侧图形选择基金筛选器，进入右图界面搜索你想要的基金品种即可看到评级（见图3-1）。

图3-1 晨星网基金评级

三、值得推荐的基金资讯网站

（1）天天基金。该网站隶属于东方财富旗下，用于基金交易和查询。可在此查看基金的净值变化、概述、基金公司、基金经理、持仓明细、不同阶段排名等信息。

（2）中证指数。该网站可查询各类一级、二级行业的市盈率、股息率等信息。各行业指数、上证系列指数、深证系列指数、中证系列指数的成分股、编制规则、市盈率以及相应追踪该指数的指数基金等，都可以在此官方网站查询。

第二节　评价基金的关键要素

一、评价基金优劣的第一维度

评价基金优劣的第一维度是指数，任何基金的优劣与否，都是由与它对应的指数来确定的，超过它跟踪的指数，那么这就是优秀的，超越得越多越优秀，周期越长越优秀；反之就是表现不好。这是关于指数型和偏行业类主动型基金的第一评价维度，对于没有明显行业属性的主动型基金，也是要对比指数的，它们对比的指数是沪深 300 指数，能够长期跑赢沪深 300 指数的基金，就是全市场最优秀的 20%。

二、基金的基础性评价指标

（1）平均回报率，是用统计的数据去推算近一年的总回报率。

（2）标准差，是表现基金增长率的波动情况，即平均涨跌幅度的变化。标准差越大，说明基金收益的变化越大。

（3）夏普比率，是综合了收益和风险的系数，即收益除以风险，数值越大说明收益和风险比越高。夏普比率高，说明收益相同的情况下波动就低。

（4）阿尔法系数，代表基金能在多大程度上跑赢整个市场。数值越大越好，说明基金的收益能超越市场均值。

（5）贝塔系数，反映基金相对于大盘的波动情况。如果是一只指数基金，那贝塔系数就是1，因为指数基金是完全按照大盘情况来设置的。贝塔系数比1大，说明基金比大盘波动还要大，也就是短期风险比大盘还大；贝塔系数比1小，说明比大盘波动小，风险比大盘小。

（6）R平方，代表基金和大盘的相关性。如果R平方是1，表示和大盘完全相关；如果R平方和1相差很大，贝塔系数就没有什么意义了。

三、基金费用和规模

基金费用主要由图3-2所示的几部分组成。这个费用是不能避免的，故可根据持有基金的年限选择不同类型的基金或打折的官方平台（支付宝、蛋卷基金、天天基金）。

基金规模指该基金所管理的总资产规模。我们国家证监会以及《基金法》都详细规定基金规模小于5000万元会被清盘，规模较大的基金可降低运作成本。

综上所述，基金费用和规模对我们而言是比较重要的，我们在选择基金品种的时候是需要考虑相应的费用和规模问题。

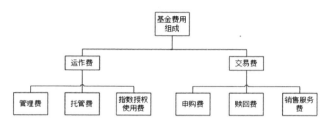

图 3-2 基金费用的组成

基金的 A、B、C 类有什么区别？不同种类的基金其含义不同，下面逐一解释。

货币型基金 A、B 类的区别主要在申购门槛和销售服务费方面。A 类申购门槛低，销售服务费率高；B 类销售门槛高，销售服务费率低（见表 3-1）。

表 3-1 货币型基金 A、B 类的区别

	A 类	B 类
申购门槛	门槛低 10 至 100 元起	门槛高 100 万至 500 万元起
销售服务费率	0.25%/年	0.01%/年

债券型、股票型、混合型、指数型基金 A、B、C 类区别在于收费方式不同（见表 3-2）。需要注意的是，三类在七日内赎回，会有 1.5% 的惩罚手续费。

表 3-2 基金的 A、B、C 类区别

	A 类	B 类	C 类
收费方式	前端收申购费 不收销售服务费	后端收申购费	收销售服务费 不收申购、认购费

四、基金的四分位

基金的四分位指把某只基金的业绩和同类型的基金的业绩进行比较,按照优秀、良好、一般、不佳进行四等分(见图 3-3)。这个指标反映基金在同类基金中业绩历史排名的情况。

图 3-3 基金的四分位

五、使用四分位评价基金

(1)通过网页端查看(以天天基金为例)。打开天天基金网站,选择一只基金即可看到四分位页面(见图 3-4)。

(2)通过 App 查看(以蛋卷基金为例)。由于 App 端采用排名没有直接给出四分位结果。基金四分位 =(1-基金排名/同类基金总数)×100%,再与 1/4 分位、2/4 分位、3/4 分位和 4/4 分位比较。在蛋卷基金中选择一只基金,进入业绩表现即可查看四分位（见图 3-5）。

	近1周	近1月	近3月	近6月	今年来	近1年	近2年	近3年
阶段涨幅	1.61%	1.67%	-1.25%	21.74%	47.53%	73.72%	196.09%	131.63%
同类平均	0.18%	1.82%	0.21%	24.38%	26.98%	34.94%	72.95%	30.12%
沪深300	-0.49%	2.35%	0.84%	20.01%	14.62%	20.66%	50.96%	17.10%
同类排名	443 | 1690	878 | 1685	962 | 1616	925 | 1529	241 | 1387	82 | 1284	18 | 992	16 | 779
四分位排名	良好	一般	一般	一般	优秀	优秀	优秀	优秀

图 3-4　天天基金网中查看四分位

期限	涨跌幅	同类排名
近1月	+2.36%	390/946
近3月	-3.87%	722/901
近6月	+28.99%	369/852
今年以来	+67.76%	50/957
近1年	+84.61%	35/763
近3年	--	--
近5年	--	--
成立以来	+138.39%	108/956

图 3-5　蛋卷基金中查看四分位

　　注意事项：一是该页面仅与同类基金比较，股票基金与股票基金比较，以此类推，而不能股票基金与混合基金比较；二是均在同一时期内比较，比如按近 1 周、近 1 月，以此类推。

　　四分位与业绩走势是一样的，中长线更具参考意义。

第三节 基金的申购和赎回

一、申购、认购和超额认购

申购指在基金成立后并且处于开放期内，投资者直接或间接通过代理机构（蛋卷基金、天天基金、支付宝、银行等）向基金公司申请购买基金份额的行为。

认购是指在基金募集期内，基金尚未成立之前，投资者申请购买基金份额的行为。

超额认购是指投资者认购的总金额超过该基金拟募集金额的情况。有的投资者考虑到超额认购时会按比例配售，通常认购的金额会多于自己的实际需要。

二、定投

定投是指在一定的时间周期内投入一定的金额购买基金。通常可分为定期定额和定期不定额，相比一次性投资方式，定投可以降低投资者的择时风险，可通过获取投资产品的平均价格或者降低持有成本来分散风险。

三、赎回和巨额赎回

赎回是指针对开放式基金，投资者直接或间接通过代理机构向基金公司要求退出部分或全部基金的投资，并将赎回金额汇至该投资者的账户内。

巨额赎回是指在某开放式基金的单个开放日，基金净赎回申请（赎回申请总数扣除申购申请总数后的余额）超过上一日基金总份额的10%。

四、募集期、验资期、封闭期和基金清盘

募集期是指从基金的招募说明公告开始到基金成立为止，这个期限经过了中国证监会核准，并且会在基金合同和招募说明书中说明。在此期间，基金公司会通过直销、代销机构或银行进行基金的销售。在基金募集期投资者只能买入基金，也就称为基金认购。基金的认购份额数量会有一定的限制，如果提前达到份额数，基金的募集期可以提前结束，募集超过了份额限制数量就不能被确认；如果募集的规模没有达到预先公告说明的规模，则该基金不能成立。基金的募集期一般是1~3个月不等。

验资期是指基金募集期结束后，需要进行3~7天验资和备案的时间。

验资期结束后基金合同正式成立，随后基金就进入封闭期了。在封闭期内，按照基金合同上的投资策略，基金经理开始将募集到的资金建仓。封闭期内投资者不能对基金进行申购和赎回。基金封闭期一般不超过3个月。

基金清盘是指基金资产全部变现，将所得资金分给持有人。

根据《证券投资基金运作管理办法》，对于开放式基金，若连续 60 日基金资产净值低于 5000 万元，或者连续 60 日基金份额持有人数量达不到 200 人。两个条件中的一个成立时，基金管理人应当向中国证监会报告并提出解决方案，如转换运作方式、与其他基金合并或者终止基金合同等，并召开基金份额持有人大会进行表决。只有当持有人大会表决终止基金合同，这时候基金才会进行清盘。

五、基金发行日、基金成立日和基金开放日

基金发行日是指基金发起人在各个销售网点销售基金的日期。

基金成立日是指投资者认购这只基金的金额达到了基金发行时制定的规模，由基金经理宣布成立的日期。一般来说，基金成立日是认购期结束的第二天。

基金开放日是指投资者可以办理申购、转换、赎回等业务状态的日期。

第四节　基金投资中的专业语言

一、基金份额

基金份额是指向投资者公开发行的，表示持有人按其所持份额对基金财产享有收益分配权、清算后剩余财产取得权和其他相

关权利，并承担相应义务的凭证。通俗来讲，基金份额就是基金投资者持有某基金的数量。

二、基金单位净值、累计净值和估算净值

基金单位净值是指该基金总净资产除以基金总份额。即每份基金单位的净资产价值。

基金累计净值是指基金成立以来的累计收益，包括了分红，拆分份额等。累计净值=单位净值+累计基金分红。

估算净值是指根据基金所持仓股票的比例，按照股票的实时交易的涨跌幅来估算的基金净值。

三、基金收益和基金净收益

基金收益=基金卖出时金额-基金买入时金额+分红金额。基金净收益=基金收益-买入费用-卖出费用-基金运作费用（包含管理费、托管费和销售服务费）。

四、持有收益和累计收益

基金持有收益是指投资者所持有的基金份额产生的累计收益，包含因净值波动产生的浮动盈亏和持有份额对应的历史现金分红收益。

累计收益是指投资者购买某基金产生的所有收益之和。

五、分红权益登记日和分红除息日

分红权益登记日是指享有分红权益的基金份额的登记日期，即只有在权益登记日已持有的基金份额才会参加分红。对于普通开放式基金，权益登记日申请申购的基金份额不享有本次分红权益，权益登记日申请赎回的基金份额享有本次分红权益。

分红除息日是指基金分红方案中确定的将红利从基金资产中扣除的日期。

六、基金分红、现金分红和红利再投资

基金分红是指基金将收益的一部分以现金形式分给投资者，这部分收益是基金单位净值的一部分，分红后基金净值会下跌。

现金分红就是把基金净值中的一部分收益变成现金发放给投资者。投资者可以通过这种方式降低仓位而不需要支付卖出费用。

红利再投资就是把分红的部分按照当天基金净值，换算成基金份额进行再投资。这部分将不收申购费且没有最低购买的限制。

七、基金转换和转托管

基金转换就是将 A 基金转换为 B 基金，主要包括有普通转

换和高级转换。基金的普通转换通常发生在同一基金公司管理的两只基金之间。而高级转换则通常发生在不同基金公司管理的基金之间。基金公司之间基金转换可以节省基金申购费（申购费需补差价），通过基金转换可以节省投资者时间。

基金转托管是指基金份额持有人申请将其在某一销售机构交易账户持有的基金份额全部或部分转出，并转入另一销售机构交易账户的操作。

八、投资收益的72法则

72法则是指将一笔钱进行投资时，如果平均年化收益率是$x\%$，那么用72除以x，得到的数字就是这笔钱翻倍所需要的年数。

计算原理：定期复利金额$F = P \times (1+r)^t$，其中P是本金、t为期数、r为每一期利率。当投资翻倍时，$F = 2P$，带入上式，简化为$2 = (1+r)^t$。

解得：$t = \dfrac{\ln 2}{\ln(1+r)} \approx \dfrac{0.693147}{r} \approx \dfrac{0.693147}{x\%} \approx \dfrac{72}{x}$（选择数值72是为了计算方便）

$$\ln(1+x) = x - \frac{x^2}{2} + \frac{x^3}{3} - \frac{x^4}{4} + \sigma(x^4) \quad -1 < x \leqslant 1 \quad \text{（泰勒级数展开）}$$

九、基金管理的"双十"规定

《证券投资基金运作管理办法》第31条给出"双十"规定，

基金管理人运用基金财产进行证券投资，不得有下列情形：一只基金持有一家上市公司的股票，其市值超过基金资产净值的10%；同一基金管理人管理的全部基金持有一家公司发行的证券，超过该证券的10%。

第五节　债券型基金的收益来源

一、价差是债券型基金获利的源泉

债券型基金一般在银行间市场或沪深交易所交易，因流动性、市场利率、信用情况变化等，债券型基金的价格是存在波动的。一般而言，利率上升，债券型基金的价格下降；利率下降，债券型基金的价格上升。因而根据债券型基金二级市场价格变动，低买高卖可以赚取差价。

二、杠杆在债券型基金中的作用

债券型基金可以通过杠杆操作增厚收益。大部分债券型基金都会使用杠杆，所以我们发现债券型基金的资产总值经常大于资产净值，这往往是杠杆的作用。当然，使用杠杆是有风险的，正向作用是增加了利润，但是一旦判断错误，做错了，那就是亏损了。

三、债券型基金与利率的负相关

债券型基金的长期走势一定是和利率负相关的。这个利率，包括银行的同业拆借利率、存款准备金利率、活期存款利率等一系列基本利率。简单地说，因为这些利率，直接关系到银行、企业以及各种金融机构借钱的成本。利率变低，并且未来还可能变低，而债券型基金的收益是固定的，因此就显得更有吸引力。

我们举个例子，假设某央行目前存款的利率是1.5%，债券型基金收益率也是1.5%，基本一致，如果预期下个季度利率会变成1%，那么现在提前按照1.5%放款出去，就等提前锁定了一部分利润。

四、债券型基金与股市的负相关

大部分情况下，债券和股票就像跷跷板，股市上涨的时候，即便是债券型基金表现稳定，但终究不如股市表现好，投资者为追求更高的收益率，自然会投入股市，卖出债券。而当股市下跌的是，债券的稳定性又会吸引大批的避险资金涌入债券型基金，在资金的推动下，又会进一步催生债券市场上涨，呈现出明显的跷跷板行情。

不过，也有一些债券型基金是跟股市走势一致的，比如可转债基金，由于可转债的特殊属性（可以理解为具有限时转股权的债券），这种基金的走势跟股市是高度一致。还有目前很多债券型基金都会持有 1%～20% 左右的股市资产，一定程度上也跟股市走势有一致性。

五、影响债券型基金收益的主要因素

对债券型基金业绩影响最大的两大因素，一个是利率风险，即所投资的债券对利率变动的敏感程度（又称久期），另一个是信用风险。所以，我们选择债券型基金时，一定要了解其利率敏感程度和信用。一般来说，债券价格的涨跌与利率的升降负相关，利率上升的时候，债券价格便下滑，利率下降的时候，债券的价格就上扬。要知道债券价格变化，从而知道债券型基金的资产净值对于利率变动的敏感程度如何，可以用久期作为指标来衡量。

久期取决于债券的三大因素：到期期限、本金和利息支出的现金流、到期收益率。久期以年计算，但与债券的到期期限是不同的概念。借助这项指标，你可以了解到，所考察的基金由于利率的变动而获益或损失多少。久期越长，债券型基金的资产净值对利息的变动越敏感。

假如某只债券型基金的久期是 3 年，那么如果利率下降 1 个百分点，则基金的资产净值约增加 3 个百分点；反之，如果利率上涨 1 个百分点，则基金的资产净值要遭受 3 个百分点的损失。又如，有两只债券型基金，久期分别为 2 年和 1 年，前者资产净值的波动幅度大约为后者的两倍。

本章读后笔记

- 指数基金的分类和评级。
- 评价基金的关键要素。
- 基金的专业用语。
- 债券型基金的收益。

读 后 作 业

筛选基金的主要网站有哪些？如何申购和赎回一只基金？股市下跌时应该投资哪类基金？

有答案写出来。下一章，我们将进入实践环节，我会讲解"三三"基金投资法，以帮助大家树立正确的投资体系。

第四章

基金投资方法论

第一节 "三三"基金投资法

关于基金定投的文章有很多，包括我自己也写了很多，有行业基金的分析和研究以及投资决策，有数据的应用和筛选，还有投资的一些技巧和策略，但系统的投资方法，特别是简单易上手的投资方法，还没有听大家提及。其中包括大家在跟投"悄悄盈"基金定投组合的过程中，大家也反复跟我沟通过很多具体的投资方法，也询问过我是否可以把投资方法体系化分享出来，便于大家学习和交流。

由于我更多的精力放在公司和基金研究上面，另外也确实不敢班门弄斧、自成一家，心里觉得大家跟投"悄悄盈"慢慢赚钱就好了。如果大家只是单纯地跟投，不少人其实还是很茫然的，容易跟着市场就走歪了。还有一些朋友对基金投资的方法也很有兴趣，既然如此我就分享出来，但我也声明三点。

（1）投资方法从实践中来，又到实践中去，我梳理的"三长三击"基金投资法简称"三三"基金投资法，总结的是以往我个人的投资经验，以及从各位高手处偷师学习的经验，但不是对未来的定论，基金投资的方法未来还会继续演进，并继续完善。

（2）这套方法论都是一些大道理，常见的投资方法以及常规的应对方法，不是可以快速致富的武功秘籍和投资宝典，这种事情不存在也不可信。当你看完"三三"基金投资法之后，上手会非常快也比较简单。

（3）"三三"基金投资法适合基金投资小白从无到有地学习和建立自己的投资方法，也适合做资产配置需要的投资者理解基金投资，但对于很多实战经验丰富的投资者来说，只能算是一种参考和讨论，毕竟从二级市场来说，基金只是其中的一种投资方式。

一、"三三"基金投资方的内容框架

"三长三击"的内容框架比较简单，也容易理解，但在落地上要考验执行力。

1. 三长

（1）第一长是立足长期投资，而不是做波段和短线，长期投资本身能够确保长期赚钱之外。另外，小白不太懂得做波段，跟现在的机器量化和短线高手比，一点胜算都没有。

（2）第二长是选择长周期起步的行业。关于周期，很多投资大佬早就想明白也执行落地。我经常说"万物皆周期，低估永不败"，什么意思呢？投资一定要选那些朝阳产业，那些经过衰退周期开始复苏的稳定增长的产业，在他们低估和合理估值的时候投资。

（3）第三长是选择长期业绩持续优秀的基金。不管是指数基金还是主动型基金，长期业绩优秀是"悄悄盈"选择定投基金组合的主要依据之一，我们只选择优秀而不去等待验证优秀，具体的我后面专门写。

2. 三击

（1）第一击是在周期起步和低估值的时候重仓出击。在2018年底的时候，那是整个市场最好的一次重仓出击的机会，很高兴我在那个时候开始了全职投资并重仓投资。

（2）第二击是在合理估值的牛市初中期的时候定投出击。就像2019年以来，"悄悄盈"每周定投的逻辑。一方面重仓资金已经在2018年底完成了；另一方面，每月都还有现金流入，那么牛市还在上涨的初中期，定投无疑是最适合的方式了。

（3）第三击是大周期的波段出击。当周期结束时，投资也应该结束。这里的周期结束有两种，一种是行业周期结束，另一种是牛市周期结束，只要确认结束，我们就不要犹豫，锁定利润走人；只不过识别起来需要一定的经验，后面专门写。

这个简单的"三三"投资法，都会体现在"悄悄盈"基金定投组合和"年年红"绝对收益组合的配合上面。

二、心态上的问题

做投资最重要的是解决心态的问题，做基金投资更是如此。不要看我浓缩了这么简单的"三三"基金投资法，我把道理和落地执行都讲得明明白白，可到了执行时仍然会出很大的问题，这里面最大的因素就是心态。

1. 不要盲目攀比

一方面不要跟股神和高手攀比，这样的高人是存在的，但是人家也是经过了十几年、二十几年的职业投资才磨炼出来的，绝非一日之功，更不是业余投资者可以轻易效仿的，千万不要盲目跟随个股投资。另一方面，也不要羡慕个股投资的超额收益，不要看同样投资新能源，我们做指数基金只有30%的收益，人家买了龙头个股翻倍了，要知道盈亏同源，此处赚钱可能在别处就亏钱，股市"七亏二平一赚"的规律还在，但基金投资可能就会好很多。

2. 不要贪涨怕跌

投资最忌讳的就是低位不敢买，高位了重仓参与，比较形象的比喻是倒金字塔，随着投资基金的上涨，越涨投的金额越大，这样的心态是最要不得的。正确的投资应该是确信这是良好的投资品种后，在低位的时候重仓参与，在上涨的过程中如果有闲钱就继续投，反而到了高位的时候，就不要投了，等待兑现。

3. 不要怕慢

基金投资比起优秀的个股投资来说，是会慢一点，这是事实，但优秀的基金也更稳一些，会是一个可预测的长期向上的态势。我们以年化10%的收益率计算，10年后收益是2.59倍；如果是年化15%的收益率，10年后就是4.05倍；如果变成年化

20%的收益率，10年后的收益就是6.19倍，这样的收益不好吗？要知道，能持续取得超过15%的年化收益率，我们就足以跟巴菲特齐肩了。降低预期，不要怕慢，复利的力量是很惊人的。

第二节　是投涨起来的，还是投跌过头的

这是一个很大的困惑，不只是基金投资，任何投资都会面临这个问题，涨起来了再买怕追高，一直下跌的买了怕继续跌，好像一个世纪难题。那么真的有这么难吗？有没有什么办法解决呢？其实也不难，这个问题的原因还是自己没有想明白，到底自己是长期投资还是短期博弈？是选择长周期起步的行业还是选择衰退的行业？以及怎么选择的问题。这个就是"三三"基金投资法中的两长：长期投资和投资长周期起步的行业，我们来分析看看。

一、短期的涨涨跌跌不重要，长期的涨跌才是根本

这里面有两层意思，第一层意思是，对于基金投资者来说，短期的涨涨跌跌可以忽略，应该把握的是中长期的上涨机会，规避中长期的下跌风险。第二层意思是，短期的涨涨跌跌是有价值，但不适合场外基金投资，基民既没有精力和时间参与短期博弈，同时基金这种工具尤其是场外基金是不适合短线交易的。

不要觉得这个是理论，如果这个出发点你想不明白，最起码可以肯定地说，做基金投资你亏定了，出发点就错了，后面越努力越接近亏损。明白了这个道理并能够真真正正落地，那么"三三"基金投资法的第一长，立足长期投资也就完成了。

二、长期的涨跌背后是周期的轮回

搞清楚了自己投资的原点，能够透过短期的涨涨跌跌，发现真正适合自己的投资逻辑，也就是能够知道自己应该立足长期投资后，那么重要的下一步就来了，你肯定要问：哪些行业、哪些基金是可以长期上涨的，哪些又是我们要规避的呢？处在长周期起步阶段的行业是可以长期上涨的，而行业步入顶点之后，开始下降的以及处在长期下降周期的行业是要规避的。这个就是"三三"基金投资法里的第二长，投资长周期起步的行业。

三、选择长周期起步的投资机会

告诉了你道理，那么接下来我告诉你怎么办，怎么识别长周期起步。

（1）这里我不说经济数据和基本面数据，因为普通投资者很难搞清楚社会经济数据方面的真实性和对应意义，而且股市本身跟经济并非完全同频共振，所以散户和基民唯一能参照辨识股市周期的，只有从技术图形和资金面去判断。我们以 2018 年底股市复苏起步为例，看看怎么识别。

如果算上 2018 年底这次起步的牛市，那么中国股市大概有 6 轮公认的牛市，以最近 3 次牛市为例，从时间周期上看，基本上都是 4~7 年（第二轮牛市结束于 2001 年 7 月，第三轮牛市起步于 2005 年 11 月，中间间隔 4 年；第四轮牛市结束于 2007 年 10 月，第五轮牛市起步于 2014 年 7 月，中间间隔 7 年；第五轮牛市结束于 2015 年 6 月，第六轮牛市起步于 2018 年 12 月底，中间间隔 3.5 年），那么从时间维度上，我们可以找到了一个关键点，也就是大盘要调整足够充分，一轮牛市结束后，起码 4 年左右的时间才会出现大机会（见图 4-1）。

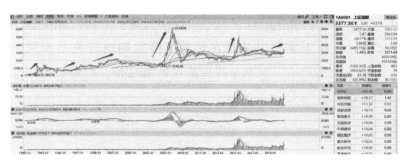

图 4-1　中国股市的牛熊周期

（2）除了时间维度，我们还要看估值。这里我选取上证指数为代表，看看估值与时间维度重叠情况。

由于软件只能查询到 2008 年 5 月以来的数据，我们看看对应到第五轮牛市起步的 2014 年 7 月和第六轮牛市起步的 2018 年

12 月底上证的估值情况，这两个滚动市盈率（TTM）分别是 8.47 倍和 10.47 倍，基本都是历史估值的底部（见图 4-2）。牛市见顶后 4 年和估值历史底部，这两个维度是不是就能决定了值不值得开始重仓投资了呢？

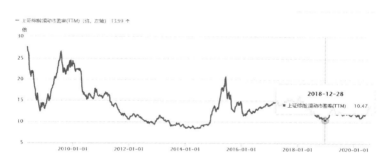

图 4-2　上证综指滚动市盈率

当然，历史不会简单重复，也许未来时间周期和估值底部都会有所变化，但规律就是规律，总是有迹可循的。只要我们在股市活得久，又能用心总结，找到一些规律并落地执行，稳健理财慢慢变富是可期的，"三三"基金投资法就是这么总结出来的。但这里面还是有很大的问题，就是能不能管住自己的手，不在下降周期去参与投资。

（3）识别当期最主流的行业，基本上一轮就可以"躺赢"90%以上的投资者，我举两个例子，第一个例子是第五轮牛市里互联网金融行业在 2014 年 7 月至 2015 年 6 月从 1844 点涨至 9129 点，涨幅达到了 4.95 倍（见图 4-3），而同期大盘指数涨幅只有 2.55 倍，你看差距大不大？

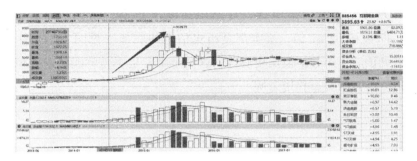

图 4-3　互联网金融行业走势图

第二个是银行的例子，银行是第四轮牛市也就是 2007 年牛市的主线之一，从图 4-4 中可以看到，中证银行指数自 2005年 11 月最低的 1067 点计算，到 2007 年 10 月结束，最高到8512 点，涨幅 7.98 倍。而上证指数在 2005 年 11 月至 2007 年11 月涨幅为 5.7 倍，创造了 6124 点的 A 股历史高位后，便一去不返。主流行业在牛市里取得的涨幅是会大幅领先指数平均涨幅的。

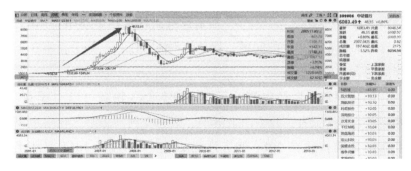

图 4-4　中证银行走势图

那么怎么找呢？这里还是有一定难度的，对投资者的视野、格局和认知有很大的考验，也就是能不能把握到当下经济发展的主脉络，而且每一轮的主线是不一样的，所以这地方我就不多说了，我把这一轮的主线点出来，大家参考，这一轮的主线就是芯片、5G、新能源车，次主线是传媒和券商（医药和消费作为长牛行业会贯穿牛市，但目前这个时点，传统消费在两年内已无太大价值）。

除此之外，还有类似银行、保险、基建等这类需求稳定但增长有限的行业，如果真的压制到了极限，也是会产生长周期翻转的投资机会的，但这种翻转什么时候发生是比较难判断的，不过我们也是可以通过分析做好潜伏和起步后买入的。

四、识别和规避下降周期的风险

做事做全套，除了识别和抓住长周期起步的行业之外，那么怎么识别和规避下降周期的风险呢？

（1）股市步入下降周期也就是见顶的风险，这个识别一般可以从消息面、情绪面、估值面来共同推理。以 2015 年疯牛见顶的信号看，当时消息面中有各种限制配资、各种打击庄股、各种收紧资金链。从情绪面来看，全民炒股，上交所成交量持续维持在 1 万亿元以上。从估值上看，上证突破了 15～16 倍的估值中枢，在 18～21 倍的高位徘徊。这几种情况同时出现的时候，就是我们要小心和撤退的时候了。

（2）行业步入下降周期和见顶风险。一是要顺应股市的下降周期，股市走下降周期的时候，即便不清仓也只能保留 1~3 成的仓位；二是行业自身见顶的信号也是有的，从时间维度上来说，牛过 3~4 年的行业比较危险。

（3）从估值来说，进入历史 90%估值百分位的比较危险。

（4）所有人都保持高度乐观的时候。

这几种情况一起出现的时候，不参与的踏空远远好于后面的大幅调整，甚至彻底见顶一去不回头带来的损失。

我想大家关于"投涨起来的，还是跌过头的"困惑应该消除了吧？这样大家实际上也就对"三三"基金投资法的两长有了一个清晰的认识，下一篇，我再分享"三三"基金投资法里的另一长，也就是投资长期业绩优秀的基金，包括如何识别，怎么投资。

第三节 这样发掘业绩长牛的基金更靠谱

投资最怕的是什么？亏钱。投资最想的是什么？赚钱。我觉得很对，反正我从 2007 年入市的时候就这么想的，不要看我在当年 10 月 30 日开户并光荣地成了"接盘侠"，但我当年第一笔投资还是赚了钱的，我印象很深，当时买了天威保变，我们都认为太阳能一定是未来，投资这家被中国兵器集团并购的民营企业，还能错了吗？但第二年要结婚了，所以在装修房子的前夕，我就清仓了，赚了大概 30%。不过如果不卖出，以现价 5.8 元的价格看，当时笃定价投的我大概要亏损 80%。

在 A 股市场做一个活着的股民有多难，不要说还想赚钱了。那么我是怎么筛选和投资基金的呢？这就是"三三"基金投资法里的第三长了，一定要选择业绩长牛的基金，这样才能更靠谱，才能实现当初的梦想，在资本市场取得正收益，而且是非常不错的正收益。

一、要选择业绩长牛的基金

业绩长牛的基金至少有三个共性。

（1）业绩一直不错。

（2）一般都是大基金公司。

（3）基金经理往往能力比较突出。

而这三个共性基本也就能够保证大概率赚钱。

我统计了一下，在近 3 年的时间，取得 100% 以上收益的基金共有 340 余只（含 A、C 两类），虽然在 6422 只基金中，占比并不高，但对我们选择和投资足够了。我说这个什么意思呢？一是说从绝对数量上来说，长牛的基金还是很多的，可以选择的余地很大；二是想提醒大家，在优秀的群体里做选择，正确的概率更大。下面我就讲讲怎么筛选优秀的基金。

二、公募机构评级是个初步筛选的好办法

中国证券基金行业协会是一个不错的平台，可以提供很多原

始的数据和信息，当然，如果以后能提供更多就更好了。在协会
官网上，"业务服务"一栏里有"基金评价业务"，进去之后可
以看到上海证券、海通证券、晨星等七家机构提供的公募基金评
级，一个季度一更新，包括公募基金和公募机构的评级（见
图 4-5）。

图 4-5 公募基金评级

总的来说，只有晨星和海通证券看起来逻辑清晰，评级也更
有参考价值，两者的评级差不多，但海通证券的更便于阅读和思
考，所以我选择海通证券的评级作为参考。

在海通证券的评级中，分为 3 年、5 年、10 年期，评级分为
3~5 颗星，基本上，能够同时拿到 3 年、5 年、10 年期同步 5 星
或者只有一个是 4 星的基金，基本上都是跑赢对标指数的公募基
金，表 4-1 包括我选取的全 5 星混合基金，有心人可以逐一查
看，基本上都是多年跑赢沪深 300 指数的基金。

表 4-1　混合基金

486	519091	新华泛消消优势	2009-07-13	新华基金	灵活混合型	★★★★★	★★★★★	★★★★★	2020-4-30
487	610002	信达澳银靖华	2008-07-30	信达澳银基金	灵活混合型	★★★★★	★★★★★	★★★★★	2020-4-30
488	040015	华安动态灵活配置	2009-12-22	华安基金	灵活混合型	★★★★★	★★★★★	★★★★★	2020-4-30
489	410007	华富价值增长	2009-07-15	华富基金	灵活混合型	★★★★★	★★★★★	★★★★★	2020-4-30
490	519066	汇添富蓝筹稳健	2008-07-08	汇添富基金	灵活混合型	★★★★★	★★★★★	★★★★	2020-4-30
491	340008	兴全有机增长	2009-03-25	兴证全球基金	灵活混合型	★★★★★	★★★★	★★★	2020-4-30
492	213006	宝盈核心优势A	2009-03-17	宝盈基金	灵活混合型	★★★★★	★★★★	★★★★	2020-4-30
493	163807	中银行业优选	2009-04-03	中银基金	灵活混合型	★★★★★	★★★★	★★★★	2020-4-30
494	100029	富国天成红利	2008-05-28	富国基金	灵活混合型	★★★★★	★★★★	★★★★	2020-4-30
495	040004	华安宝利配置	2004-08-24	华安基金	灵活混合型	★★★★	★★★★	★★★★★	2020-4-30
496	233001	大摩基础行业混合	2004-03-26	摩根士丹利华鑫基金	灵活混合型	★★★★	★★★★	★★★★	2020-4-30
497	660003	农银汇理平衡双利	2009-04-08	农银汇理基金	灵活混合型	★★★★	★★★★	★★★★★	2020-4-30
498	002031	华夏策略精选	2008-10-23	华夏基金	灵活混合型	★★★★	★★★★	★★★	2020-4-30
499	360011	光大动态优选	2009-10-28	光大保德信基金	灵活混合型	★★★★	★★★	★★★	2020-4-30
500	070018	嘉实回报灵活配置	2009-08-18	嘉实基金	灵活混合型	★★★★	★★★★	★★★★★	2020-4-30

三、选择优秀被动型指数基金主要看历史走势

　　基金可以分为被动型和主动型两类，发掘这两类优秀基金的方法可不一样。相对来说，优秀的被动型指数基金发掘起来要简单很多，这个方法就是复盘跟踪指数的历史走势。比如，中证消费（000932）这个指数，目前的点位大致是 24000 点，这个指数起始于 2004 年 12 月 31 日，起始点位是 1000 点，这就意味着 15 年的时间，指数翻了 24 倍，那么跟踪的指数基金能差了吗？我随便举个跟踪的 ETF，汇添富中证主要消费 ETF，这只基金就是复制中证消费指数的，从 2013 年 8 月 23 日成立以来，净值为 4.49，涨幅为 349.91%，7 年 3.49 倍，完全被动收益（见图 4-6）。

　　类似的成功指数还有中证医疗、消费红利等，但凡我们想投资一只被动型指数基金，就去查看其对应的指数，去查看它的历

史走势，基本上值不值得投资就心里有数了。只不过这里要把握一点，我们千万千万不要在牛市顶点时全仓买入，然后讲什么价值投资，要在熊市中后期大胆投资，安心等待，这也就是"三三"基金投资法讲的是在长周期起步的时候投资。

图 4-6　汇添富中证主要消费 ETF

投资指数型基金要注意一点，这类被动型指数基金能反映过去以及通用的部分，对于未来的趋势往往反映不出来，道理很简单，新生事物需要很长一段时间才能被人们所接受，但对于大部分投资者来说，把握住历史优秀的指数型基金，就已经足够了。

四、发掘优秀的主动型基金要重视三个大方面和七个点

发掘优秀的主动型基金除了依据评级机构的评级外，还需要注意什么呢？要知道单单依靠评级机构的评级，以及市场上的口口相传，结果可能并不尽如人意，这里我举两个例子，这两例子

都是成功的例子，而不是失败的例子，但是市场上有更好的选择。第一个例子是中欧价值发现混合 A（166005），基金经理是曹名长，这可是市场上有口皆碑，也是基金公司大力宣传的价值投资高手，我个人也是对他非常佩服和敬仰的，另外 166005 的收益率也确实不错，它近 1 年的收益率为 34.3%，近 2 年为 40.74%，近 3 年为 36.82%，但是我没有选它，我的"悄悄盈"选了并不如它评级高，也不如他名气大的前海开源沪港深优势精选混合 A（001875），而 001875 的近 1 年的收益率为 89.59%，近 2 年的收益率为 148.14%，近 3 年收益率为 166.22%。

再举个例子，被市场奉为投资神明的富国天惠成长混合 A/B（LOF）（161005），它近 1 年的收益率为 43.24%，近 2 年的收益率为 97.51%，近 3 年收益率为 92.69%，而我在"悄悄盈"里面同样没有选它，我选了另一个评级和名气不如他大的交银新生活力灵活配置混合（519772），它近 1 年的收益率为 79.9%，近 2 年的收益率为 112.89%，近 3 年收益率为 168.23%。

从以上两个例子看，我在"悄悄盈"的配置中选择的主动型基金业绩更优秀一些，这里面有几个地方可以供大家借鉴，我总结为三个大的方面和七个点。

第一个大的方面，要看历史业绩，这里面分为两点。

（1）看业绩。历史业绩是否一直优秀，最起码要有 2 年以上的业绩追溯，逐季查看对比沪深 300 指数的收益情况。

（2）看回撤。回撤一般来说超过 15% 就要警惕了，如果多次回撤达到了 20% 以上，也需要多留心。

第二大的方面，是看基金公司和规模。

（3）看公司的实力。老牌的基金公司比如华夏、易方达、工银、南方等都比较靠谱。还有一些比如中欧、富国、前海开源、创金合信等一批进取非常强的基金公司，也是很靠谱的。

（4）看规模。当同一基金经理尤其是同一基金规模超过150亿元以上的时候，就要留意了，其往往很难有特别出彩的收益，而是会保持一个比较平稳的状态，尤其是规模超过200亿元以后。另外，规模低于2亿元的原则上不投资。

第三大的方面，是看基金经理，也是最重要的一个方面。

（5）看基金经理的任职年限，一般来说3年以上是基本成熟的要求，但是超过7年也要慎重，如果不能在公司有更好的发展，多半可能会跳槽。

（6）看有无明确的投资风格，不管他是成长还是价值，是趋势还是保守，总要有明显的投资风格存在，如果找不到风格，业绩就无法解释，这种情况下，我也会小心对待。

（7）看能否对本人有一个清晰的认识。也就是说，能不能从基金报告、日常的会议、公开言论、投资者交流等渠道对基金经理有一个基本认识，这样可以观察他的言行是否一致。基本上，做到几点，一只好的主动型基金也就八九不离十了，再加上组合配置，选出来5~10只做一个组合，收益率会保持一个不错的水平。

本章读后笔记

- "三三"基金投资法。
- 判断指数所处阶段。
- 发掘优秀基金经理。

读 后 作 业

什么是三长三击?你认为最重要的"一长"和"一击"是什么?贪涨怕跌、盲目攀比、怕慢的危害大吗?

快快写出答案,一起思考学习。下一章,是实践的正式开始,重点交流 ETF 的投资策略和实战。

第五章

ETF投资指南

第一节　投资 ETF 的七大技巧

经过 2019 年以来的长足发展，沪深两市 ETF 作为场内开放式交易基金品种已经正式突破了 400 只，规模突破了万亿元。在某种程度上，ETF 已经可以替代个股投资，成为普通投资者参与投资的重要工具。

一、真正省心省力选宽基类 ETF

对于普通小白来说，经验、心态、能力等各个方面都不成熟，又想赚钱，又想省心是大部分小白投资者的想法，这个想法虽然不太现实，但也很朴素，用最小的代价，在稳定的前提下，尽可能多的获得收益，谁不是这么想的呢？从这个角度出发，如果投资 ETF 的话，以沪深 300、中证 100、中证 500、上证 50 等指数基金为代表的宽基是非常合适。除此之外，还有恒生 ETF、国企指数 ETF、MSCI 等指数基金，都是不错的选择。这些 ETF 拉长 3~10 年以上的时间看，年化收益率基本都能够达到 10%，而相对波动又比较小，算是非常省心省力了。

二、选行业 ETF 要重视景气周期和估值

关于行业基金的风格划分，可以采取市场比较公认的成长、

价值和周期三种风格大致分类。芯片、新能源车、医疗、新兴消费、互联网等属于成长风格；银行、地产、保险、基建等属于价值风格；另外，有色、煤炭、钢铁这种属于周期风格。

选行业 ETF 相对选择个股来说，不用考虑个股基本面的研究，但要增加对景气周期和估值的研究，这就是我常说的：万物皆周期，低估永不败。简单来说，我们首选长期景气周期的行业，比如医疗、芯片、新能源车、光伏、新兴消费等，它们的景气周期足够长，逻辑足够长，复利的价值比较大。

但当它们估值严重透支未来数年业绩的时候，就不是好时机，即便不卖出，也不能再买入了，我们可以看 PEG（市盈率相对盈利增长比率）这个指标，PEG>1.5 的基本上都是高泡沫区，就不应该再投资了。而价值板块，如银行、地产、保险、基建这些，虽然增速慢一点，但如果进入极度低估的区域，比如只有 6~9 倍的估值，PEG 在 0.8~1 倍，也会具有价值。

三、短线交易选科技、周期 ETF

有些朋友还是喜欢做短线的，这种操作比较适合波动比较大的 ETF，从实践来看，科技类 ETF 比如芯片、新能源车、军工等，再就是周期类别中的有色、煤炭、证券等，其本身的波动性也比较大，对于那些有短线交易能力的投资者来说，是不错的品种选择。只不过，在选择的时候，投资者注意尽量选择长景气周期的行业 ETF，其容错率会比较高。

四、胆子可以大一点

做 ETF 投资的投资者胆子可以大一点，不需要畏首畏尾。当然，我仍然不建议融资融券（加杠杆），我指的大胆一点是说在相对底部介入之后，我们不需要担心会遇到各种各样的黑天鹅，完全可以大胆持有。因为 ETF 作为被动指数基金的一种，完全跟踪行业发展趋势，只要在相对低点介入，未来创新高是必然的，甚至即便买在了高点，只要耐心一些，早晚都可以创新高，只不过追涨高点太痛苦了，尽量不要干。简而言之，ETF 投资是一种下有保底，没有清零之忧，往上走注定创新高的品种。

五、做大的波段

作为长线投资者出身的我，非常理解长期投资的重要性，穿越牛熊和长期持有一家或者数家公司无惧牛熊的操作我也有过，成功和失败也都经历过，这种方式不是不可以，但在 ETF 的投资中是行不通的。

我们以沪深 300 指数为例（见图 5-1），如果你在 2007 年的最高点 5891 点没有止盈的话，即便考虑分红，也要到 2020 年才能再创新高。所以，对于 ETF 来说，大的波段还是要做的。也就是说，不管是宽基，还是行业基金，到了历史的高估值区域，止盈无大错。

图 5-1　沪深 300 指数走势图

六、折价溢价要注意

弄懂了以上五点之后，是不是就可以进行 ETF 的投资了呢？也不是，我突然想到一个事情，就是 ETF 的折价和溢价，关于折价和溢价我在后文中会展开说明。总之，当溢价超过 1.5% 的时候，就不要再认购，溢价就意味着以高于当时价格的比例购买，就会被游资收割，千万不要干。当然，如果投资时正好有一定比例的折价，这个便宜可以赚。

七、LOF 是有益补充

场内的 ETF 都是被动基金，缺少场外那种重仓龙头个股的主动型基金，这是一大憾事，但深交所开发的 LOF 弥补了这个缺憾，市场上还有兴全、景顺、富国等多家基金公司发行了包括兴全合宜、景顺鼎益、万家优选等在内的多只 LOF，这些基金基本就是主动型基金，是 ETF 的有益补充。除此之外，还有一些指数增强的 LOF 也可以选择。

第二节　万法归宗之长期定投策略

武侠里提到武功的最高境界叫万法归宗，我在这里借用一下，用来定义 ETF 的长期定投策略，也可见我对这种投资策略的推崇，包括我个人在"悄悄盈"指数基金组合的构建中，基础的逻辑策略就是长期定投。

一、长期定投策略

长期定投策略是长期投资的一种，它的核心理念就是在比较长期的投资过程中执行按期定投，比如两周或者一个月投资一次，进而取得投资收益的策略。有别于一次性买入的长期投资，长期定投强调的是按期投资，在按期定投中把握投资中的机会，烫平波动。而由于一般投资者都属于按月获取工资收入的工薪阶层，正好可以按照月度定期定额的方式，执行长期定投策略，特别适合大家使用。

除了定投适合工薪阶层外，长期定投策略还是从入门级普通投资者到资深股市投资者的最佳策略，长期下来都会有不错的投资收益。这里举两个简单的例子，中证消费指数自 2004 年 12 月

31 日计算以来，在 2020 年 4 月的收盘点位在 17000 点左右，不计算分红，15 年 4 个月已经实现了 17 倍涨幅。再举一个医药 100 指数的例子，它跟中证消费指数同一时间同一起点，截至 2020 年 4 月的收盘点位在 15000 点左右，不计算分红，也实现了 15 倍的涨幅。

二、长期定投策略的要领

长期定投策略的原理刚才跟大家讲过了，相信大家应该能够理解，那么长期定投具体应该怎么做呢？这里我也总结了四个要领供大家参考和操作。

（1）选择长期稳定向上的赛道。就像我刚才举的例子，消费和医疗是长期稳定向上的好行业。随着中国人均收入的提升，人们对于生活质量和生命质量的追求，消费和医疗需求的增量会越来越大，尤其是有品质的消费品和针对性医疗增速会继续保持加速。而投资这样长期稳定向上的赛道，从一开始就算是赢了。

（2）最好在股市低位的时候启动。这个很好理解，大家看看 2015 年 6 月 12 日的股市高点，有多少股票还没有回去，甚至股价还是腰斩的？就拿沪深 300 指数来说，截至目前的 3800 点左右的收盘点位，距离 2015 年最高的 5380 点还要再上涨 40% 以上才能收复。所以，在熊市中后期慢慢定投，在指数低位的时候慢慢定投是第二个要领。

（3）严格执行定期定额纪律。投资者制订了定期定额的投资计划，就一定要坚持，在相对固定的时间，投入相对固定的闲钱。坚决要避免股市涨起来了，加大定投的频次和金额，下跌的时候减少定投的频次和金额，这也是间接追涨杀跌，往往会大幅降低投资收益。

（4）要有足够的耐心。在长期定投的过程中，很有可能在初始阶段（比如6~12个月内）收益率并不高，甚至会阶段性为负值，这个时候一定要沉住气，严格执行既定的定投计划，千万不要停止定投。

另外，由于采取长期定投的策略，收益率看起来可能没有那么高，但由于采取长期定投，收益的绝对额其实并不低。以我在蛋卷基金的实盘"悄悄盈"指数基金组合为例，在经过漫长的530余期的定投后，收益率达到了30%，超过沪深300指数大约12个点，也是长期定投的威力。

三、长期定投获利和止损

俗话讲，有进有出才是生意，前文给大家介绍了长期定投策略的要领，那么还缺一样，就是卖出要领，主要是获利了结，但也包括止损，天底下没人可以只赚不赔，我们从策略上要做好应对。

（1）遇到疯牛要舍得卖。长期定投不是傻傻地一直定投下去，当市场进入整体高估值环境后，定投是要暂停甚至是要卖出的，这个估值的历史参考值是22倍左右，现在全市场的估值在

14 倍左右，等到整个市场估值抬升后，一定要舍得卖出。

（2）行业逻辑发生变化要舍得卖。在投资的过程中，也许我们会遇到行业逻辑发生根本性变化的情况，比如新能源车对传统汽车的替代，如果有人定投了汽车产业相关的 ETF，那这个时候是应该卖出的。

（3）发现买错了要敢于卖。很多朋友由于没有人指导，也没有经过专业的学习和训练，在投资初期买入是非常随意的，但被套亏损后，却不舍得卖出，总想着继续定投，等将来涨上去解套了再卖。正确的做法是，一旦确信自己投资的 ETF 不是心仪的，更不是能够持续向上的行业，要敢于卖出。比如我在配置环境治理 ETF 后，感觉并不符合我的投资思路，随后我不仅卖掉了环境治理 ETF，也在"悄悄盈"里面清理掉了这部分基金。

第三节　周期为王之行业轮动

周期为王之行业轮动，这也是很多职业投资者最喜欢的投资策略。

一、行业轮动策略

行业轮动策略是很多资深股民和职业投资者经常讨论和实践的一种投资策略，通过把握行业周期性起步、发展、成熟、衰退的规律，在起步和发展阶段投资一个行业，在衰退前撤退并投资另一个处在起步和发展阶段的行业，实现投资的有效接力。

应该说，行业轮动是一种非常成功的策略，如果我们能够完美把握行业轮动周期，财富增长的速度会大大提高。举个例子，如果在 2019 年新年伊始买入中证消费指数相关的基金，然后在 2019 年 8 月卖出，同时买入科技龙头指数相关的基金，那么收益率是多少呢？也不要多算，前后都是 50% 上下的涨幅，如果投入 1 万元，那么收益是多少呢？$1×50%×50%＝2.25$（万元）。从消费赛道切换到科技赛道，如果把握住了节奏，确实厉害。当然，行业轮动策略适合对市场有深刻理解的资深投资者，小白投资者不一定能够驾驭。

二、行业轮动策略的要领

以把握周期为核心的 ETF 行业轮动策略，在具体的执行上，也是有着一些基本要领需要把握的，核心要领就是选择总体向上而又周期性波动很大的行业，为什么呢？我在这里做了总结，给大家参考。

（1）长期走牛的行业不做轮动。类似消费品、医疗这些长期走牛的行业，是不适合做行业轮动的。因为这类行业在当下中国是处在长期牛市的，仍然处在中长期的上涨周期，这种行业是不适合做轮动的，适合长期定投持有，这一点，希望大家一定要有清醒的认识。

（2）总体萎缩的行业不做轮动。除了处在长期上涨周期的消费和医疗外，一切萎缩的行业也不要做轮动，哪怕它会有阶段性甚至是趋势性的行情，比如煤炭、仿制药、传统汽车行业，这些行业在相当长的一段时间里，会是一个需求萎缩进而造成行业利润萎缩的状态，这种行业也不适合做轮动。

（3）总体向上而又周期性波动很大的行业大胆轮动。真正适合做行业轮动的是那些周期性波动很大而又总体向上的行业。这样的行业因为总体向上，使得投资就有了安全边际，而周期性波动很大，意味着轮动的机会就比较大，适合行业轮动的策略。这样的行业主要有证券、科技、传媒等，这也是我在"悄悄盈"里配置的，把握住这些行业的轮动，对于提高实际投资的收益是有很大促进作用的。

三、行业轮动策略的止盈和止损

行业轮动策略在止盈和止损方面，有三个方面需要处理好，这是轮动效果提升的保障。

（1）分批卖出，逐步止盈。在止盈方面，不要贪心，也不要期望一次性卖在周期的最高点，要采取逐步止盈的办法，分批卖出。虽然每个人的止盈逻辑并不一样，但有一个逻辑是普遍可以参考采用的，那就是按照盈利比例逐步卖出，一般可以采用盈利30%卖出10%，盈利50%再卖出20%，盈利70%再卖出20%，盈利100%再卖出20%，剩下的30%等待最后投资周期结束时一次性卖出。

（2）行业逻辑出现拐点，要及时卖出。在投资"总体向上而且周期性波动很大的行业"这一前提下，如果行业由于政策性因素或者其他因素冲击，造成行业投资逻辑发生比较重大的变化，这个时候不管是盈利还是亏损，都应该及时退出。

（3）止盈和止损的核心点是周期的开启和下降。止盈也好，止损也罢，真正的核心点是行业周期的开启和下降，如果行业仍然处在起步发展阶段，还没有到衰退需要撤出的时候，即便是在止盈操作上有不到位的问题，那么不会对投资收益产生根本性影响。反过来说，如果行业开启了下降周期，这个时候如果不能及时退出投资，那么很有可能就会形成长期套牢，进而造成亏损。可以用我经常跟朋友们说的一句话概括：万物皆周期，低估永不败。

第四节　唯快不破之短线交易

关于短线交易，我个人并不推崇，短线交易是 ETF 三个策略里最不适合普通投资者的，抛开各种专业因素不说，仅仅是时间精力，大部分散户就不具备条件。但是为什么还要介绍给大家呢？因为作为一种市场常见的，以及职业投资者经常使用的投资策略，大家还是需要学一学，毕竟艺多不压身。

一、ETF 短线交易方法

ETF 的短线交易有两种，一种是跟个股一样，T+1（n）日的交易，也就是说 T 日买入，次日及以后可以卖出。还有一种是 T+0，这种交易方法是 ETF 特有的方法，而且可以反复 T+0 操作。

简单来说，就是由于连续申购和赎回机制的存在，导致市价和 ETF 的净值之间有一定的差价，当差价超过 1.5%（必要的交易成本），就会有 T+0 套利的机会。具体的套利方法，可以用一张图表示。图 5-2 中的 IOPV 是基金份额参考净值的英文简称，是指在交易时间内，申购、赎回清单中组合证券（含预估现金部分）的实时市值，主要供投资者交易、申购、赎回基金份额时参考（ETF 的交易和申购是两个不同的代码）。

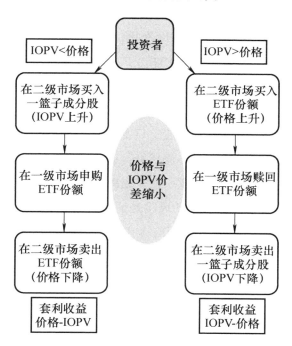

图 5-2 T+0 套利的机会

二、ETF 的 T+0 交易的操作要领

具体来说 ETF 的买入方式有两种，一种是像个股买卖一样，按照实时的市价 IOPV 成交买入，这种情况是不能当日卖出的，但可以赎回。另一种是在交易软件里，通过基金一栏申购 ETF，这种办法是可以当日申购，当日卖出的。

在具体的套利操作中，分为折价套利和溢价套利两种方法，当二级市场价格大于 IOPV 时，投资者就可以进行溢价套利，也就是先在二级市场购买成分股，并在一级市场申购 ETF 份额，同时把 ETF 份额二级市场实时卖出。流程是：买入一揽子股票—申购 ETF—二级市场卖出 ETF。

当二级市场价格低于 IOPV 时，投资者就可以进行折价套利，也就是在二级市场买入 ETF 份额并在一级市场实时赎回，同时在二级市场上卖出成分股。只要差价大于交易成本，那么投资者就能获得正套利收益。流程是：在二级市场低价买入 ETF—赎回 ETF—卖出一揽子股票——完成折价套利。

关于 T+0 套利，最大的风险是证监会认定违规。也就是说，实际可以操作，但刻意多次操作，会被认定为扰乱市场的违规行为。

三、 短线波段的操作要领

刚才我讲过了 ETF 特有的 T+0 交易的操作，那么我们接来了解一下 ETF 的短线波段操作。应该说，ETF 的短线波段操作跟

个股基本是一样的，T 日买入，等待 T+1（n）日后，差价卖出，博取差价收益。不过，ETF 也有自己的一些独有的特点。

（1）选择规模大和有成交量的 ETF。由于短线交易对即时成交要求很高，能满足随时可以即时交易的 ETF 就需要具备规模大和交易充分，这样的品种一般只有两类，一类是以沪深 300、中证 500、上证 50 为代表的宽基指数 ETF，比如代码为 510300 的 300ETF，总规模为 418 亿元，日均成交金额都在 10 亿元以上，这样的宽基随时可以完成买入和卖出。另一类是大型基金公司发行的龙头行业 ETF，比如华夏、南方、易方达、富时等大型公司发行的消费类、科技类、证券类行业 ETF，规模大都在 100 亿元以上，日均成交金额也大都在 10 亿元以上，这样的行业 ETF 也是可以做短线波段操作的。ETF 短线交易策略一定要远离那些规模小、日均成交 100 万元以下的 ETF。

（2）长期向上的宽基或者行业 ETF 更能提高成功率。对于短线交易来说，注意赛道的选择也很关键，仅仅考虑波动性是不行的，而应该把标的 ETF 能不能保持持续向上放在前面，所以选择宽基和消费、医疗这类长期向上的行业 ETF，对于提高短线交易的成功率就很重要。在这样的 ETF 里面，我们一旦做错了，也可以从容撤退，甚至可以等到成长性机会解套。

（3）有赚就开心，有错就及时认。对于 ETF 短线交易，最终也需要解决心态问题，要及时锁定利润，真正做到有赚就开心。一旦发现自己做错了或者出现了预期之外的亏损，那么也要及时止损，不要恋战。

第五节　ETF 投资少踩雷，多吃肉

我们在基金投资之路上总会遇到雷，我再讲解一下怎么避免在 ETF 投资中踩雷。

一、避免集中持基

老股民都知道，单一持股历来是兵家大忌，投资 ETF 也一样的，有的朋友说 ETF 跟个股不一样，不需要担心黑天鹅，长期持有不需要分散。但从我长期的投资经验来说，单一持有行业基金同样会面临比较剧烈的波动，在实际的持仓中，并不可取。有的朋友会说，我持有沪深 300 等宽基不就得了嘛？我后面专门讲沪深 300 指数的问题。从单一基金持仓比例上来说，25% ~ 30% 是一个比较合理的仓位。

二、不知道看估值

在投资 ETF 的时候，由于 ETF 是一揽子股票组合，对于很多不研究公司、不了解公司情况的朋友来说，对行业的估值并没有什么概念，再加上 ETF 本身并不显示估值，很多投资者在投资的时候无从下手，往往不看估值，只看图作业，结果很有可能买在山顶。

下面告诉大家一个简单的办法，以医疗 ETF 为例。

（1）在中证指数有限公司官网，搜索跟踪的指数：中证医疗（见图 5-3）。

图 5-3　中证医疗 1

（2）打开中证医疗页面，在页面上就可以看到"指数估值""指数单张""编制方案"等你想看到的信息了（见图 5-4）。

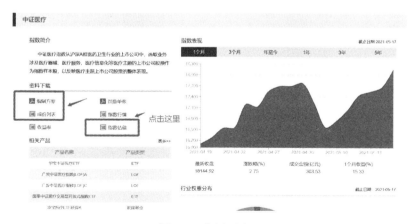

图 5-4　中证医疗 2

三、规模大小不知道怎么选

由于目前指数基金大发展，同一个指数会有多只 ETF 同时跟踪，这种情况下怎么选呢？比如恒生科技指数，就有 8 家公司发布了相关的 ETF，有 6 家公司一前一后密集发行，这个时候该怎么选呢？难道谁宣传得厉害，谁嗓门大就选谁吗？错了，目前 A 股头部的前 10 家公司，在指数跟踪方面并没有实质性的差别，选哪家其实都一样，那么怎么选呢？告诉大家一个绝大多数人，尤其是基金公司不会告诉你的秘诀，哪个规模相对小一些，就选哪个，为什么？因为可以参与打新，如果基金规模在 6000 万至 10 亿元，一般会增加 2%~9% 打新收益。

四、溢价买入

这种情况多发生在追涨的时候，很多新基民往往着急就追涨了，但其并不知道这有可能是大资金利用资金优势造成的大规模溢价进而套利，比如 2020 年 2 月 26 日的基建工程 LOF 和 2020 年 11 月的 H 股 ETF，都出现了 10% 左右的溢价，这就意味着投资者要以高于实时价值 10% 的价格买入，第二天可能就会面临大幅亏损。避免的办法也很简单，在决定买入的那一刻打开雪球或者天天基金的页面看看，上面都会有溢价率一栏，看一眼再投，溢价超过 2% 就不要投了（见图 5-5）。

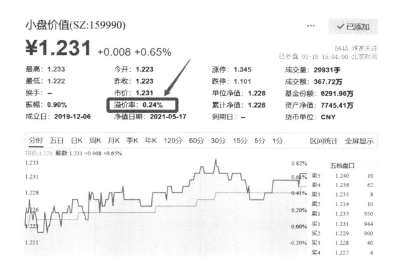

图 5-5　溢价率

五、只有沪深 300 指数最好

关于沪深 300 指数，我们可以确认的就是投资沪深 300 指数可以跑赢 80% 的投资者，但是不是我们就只有投资沪深 300 指数这一条稳妥的路呢？答案显然不是，如果你选择医药和消费，未来再加上科技，在这三个主要赛道做投资，你的收益率会数倍于沪深 300 指数。在不考虑分红的前提下，2009 年 12 月 31 日以来，中证白酒涨幅为 1866.3%，而同时期沪深 300 指数的涨幅为 45.1%（见图 5-6），天壤之别。

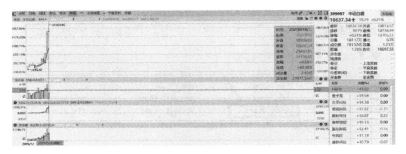

图 5-6　中证白酒走势图

六、满仓最爽

动不动就满仓，这是很多散户最致命的问题，如果真满仓后不动也好，关键是很多人最后手痒痒，又会卖出一部分仓位，再去买其他的 ETF。真正需要满仓的时候往往出现在极熊的时候，但那个时候又有多少人能够等到，又有多少人能够精准地全仓买入呢？极熊也好，极牛也罢，都是后视镜观察的，而且往往不是一个点而是一个区域。比较好的投资方式还是盯住优秀的行业和指数基金，我们利用自己工资收入持续流入的优势，慢慢定投，只要注意不要在绝对高估的时候盲目投入，绝大部分都会比一次满仓好很多。

第六节　我目前研究跟踪的主要场内 ETF

ETF 作为一揽子投资股票的开放式可交易基金，具有交易佣金低、不惧怕单只个股黑天鹅、完全复制指数、实时交易等特性，逐步成为普通投资者参与场内投资交易的主要工具，而且很多行业 ETF 跟踪的行业指数更是大幅跑赢市场平均水平，甚至各类优秀主动型基金的平均水平，下面我举几个例子。

图 5-7 是中证医疗 2005 年 12 月 31 日以来的年 K 线图，15 年 15 倍（不计算股息），整个市场能取得这个收益率的基金几乎没有。同样的例子还有中证消费，我就不截图了，中证消费指数从 2004 年 12 月 31 日以来，16 年 24.76 倍，除了赞叹之外，也没有别的表情可以代替了。

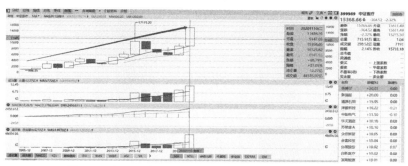

图 5-7　中证医疗 2005 年 12 月 31 日以来的年 K 线图

为了便于大家投资和交易，我把自己日常研究和跟踪的主要场内 ETF 品种分享出来，大家可以探讨和补充。

一、　科技类

1. 国联安中证全指半导体 ETF（512480）

这是国联安基金公司发售的一只基金，跟踪的是中证全指半导体指数，中证全指半导体产品与设备指数选取中证全指样本股中的半导体产品与设备行业上市公司的股票组成，以反映该行业上市公司的整体表现。目前有 31 只成分股，图 5-8 中是其十大权重股。

代码	简称	行业	权重
603986	兆易创新	信息技术	12.90
002371	北方华创	信息技术	8.95
002049	紫光国微	信息技术	8.85
600584	长电科技	信息技术	8.73
603160	汇顶科技	信息技术	6.52
002185	华天科技	信息技术	6.46
300661	圣邦股份	信息技术	5.50
300782	卓胜微	信息技术	4.91
002180	纳思达	信息技术	3.61
002156	通富微电	信息技术	3.60

十大权重股　　　　　　　　　　　　　截止日期 2020-11-02

图 5-8　国联安中证全指半导体 ETF 十大权重股

2. 融通人工智能指数（LOF）A（161631）

这是融通基金公司发售的一只基金，跟踪的是中证人工智能主题指数。中证人工智能主题指数选取为人工智能提供基础资源、技术以及应用支持的代表性上市公司的股票作为样本股，以反映人工智能主题上市公司的整体表现。目前有 98 只成分股，图 5-9 中是其十大权重股。

十大权重股

截止日期:2020-11-02

代码	简称	行业	权重
002415	海康威视	信息技术	7.35
002241	歌尔股份	信息技术	6.64
600588	用友网络	信息技术	4.50
603986	兆易创新	信息技术	4.18
002230	科大讯飞	信息技术	3.81
000063	中兴通讯	电信业务	3.78
002049	紫光国微	信息技术	2.70
600584	长电科技	信息技术	2.66
002236	大华股份	信息技术	2.53
603019	中科曙光	信息技术	2.13

图 5-9　融通人工智能指数（LOF）A 十大权重股

3. 华宝中证科技龙头 ETF（515000）

这是华宝基金公司发售的一只基金，跟踪的是中证科技龙头指数。中证科技龙头指数由沪深两市中电子、计算机、通信、生物科技等科技领域中规模大、市占率高、成长能力强、研发投入高的 50 只龙头上市公司的股票组成，以反映沪深两市科技领域内龙头公司的整体表现，为指数化产品提供新的标的。目前有50 只成分股，图 5-10 中是其十大权重股。

4. 天弘中证电子 ETF（159997）

这是天弘基金公司发售的一只基金，跟踪的是中证电子指数。中证电子指数以中证全指为样本，选取涉及半导体产品与设

备生产、电脑存储与外围设备生产、电脑与电子产品零售、电子
设备制造、电子制造服务和消费电子生产等业务的上市公司股票
作为成分股，以反映电子类相关上市公司的整体表现。目前有
100 只成分股，图 5-11 中是其十大权重股。

十大权重股   截止日期:2020-11-02

代码	简称	行业	权重
002475	立讯精密	信息技术	9.84
600276	恒瑞医药	医药卫生	9.74
002415	海康威视	信息技术	7.09
300760	迈瑞医疗	医药卫生	5.96
000725	京东方A	信息技术	5.60
002241	歌尔股份	信息技术	4.48
000661	长春高新	医药卫生	4.30
000063	中兴通讯	电信业务	3.49
600570	恒生电子	金融地产	3.06
600588	用友网络	信息技术	3.04

图 5-10 华宝中证科技龙头 ETF 十大权重股

十大权重股   截止日期:2020-11-02

代码	简称	行业	权重
002475	立讯精密	信息技术	10.33
002415	海康威视	信息技术	7.45
000725	京东方A	信息技术	5.88
002241	歌尔股份	信息技术	4.70
000100	TCL科技	可选消费	3.71
603986	兆易创新	信息技术	2.96
600703	三安光电	信息技术	2.22
002371	北方华创	信息技术	1.93
002049	紫光国微	信息技术	1.91
300433	蓝思科技	信息技术	1.91

图 5-11 天弘中证电子 ETF 十大权重股

5. 嘉实新兴科技100ETF（515860）

这是嘉实基金公司发售的一只基金，跟踪的是中证新兴科技100策略指数。中证新兴科技100策略指数从沪深A股新兴科技相关产业中选取高盈利能力、高成长，且兼具估值水平低的上市公司股票作为指数样本，采用基本面加权。目前有100只成分股，图5-12中是其十大权重股。

十大权重股　　　　　　　　　　　　　　　　　　　　　截止日期:2020-11-02

代码	简称	行业	权重
002415	海康威视	信息技术	10.22
000063	中兴通讯	电信业务	6.94
002475	立讯精密	信息技术	6.85
300760	迈瑞医疗	医药卫生	6.31
300433	蓝思科技	信息技术	5.55
002236	大华股份	信息技术	2.89
300122	智飞生物	医药卫生	2.49
601360	三六零	信息技术	2.26
002555	三七互娱	信息技术	2.10
002013	中航机电	工业	1.88

图5-12　嘉实新兴科技100ETF十大权重股

6. 华夏中证新能源车ETF（515030）

这是华夏基金公司发售的一只基金，跟踪的是中证新能源汽车指数。中证新能源汽车指数以中证全指为样本，选取涉及锂电池、充电桩、新能源整车等业务的上市公司股票作为成分股，以反映新能源汽车相关上市公司的整体表现。目前有 30 只成分股，图 5-13 中是其十大权重股。

十大权重股   截止日期:2020-11-02

代码	简称	行业	权重
002594	比亚迪	可选消费	9.39
300124	汇川技术	工业	7.83
002812	恩捷股份	原材料	6.15
300450	先导智能	工业	5.20
300750	宁德时代	工业	5.09
300014	亿纬锂能	工业	4.89
002050	三花智控	工业	4.52
002460	赣锋锂业	原材料	4.50
600885	宏发股份	工业	3.89
002074	国轩高科	工业	3.76

图 5-13　华夏中证新能源车 ETF 十大权重股

7. 国泰中证新能源汽车 ETF（159806）

这是国泰基金公司发售的一只基金，跟踪的也是中证新能源汽车指数。中证新能源汽车指数以中证全指为样本，选取涉及锂电池、充电桩、新能源整车等业务的上市公司股票作为成分股，以反映新能源汽车相关上市公司的整体表现。目前有 30 只成分股，图 5-14 中是其十大权重股。

8. 南方中证 500 信息技术 ETF（512330）

这是南方基金公司发售的一只基金，跟踪的是中证 500 信息技术指数。中证 500 信息技术指数在中证 500 指数中选取信息技术行业公司的股票作为样本，以反映这一行业上市公司的整体表现。目前有 61 只成分股，图 5-15 中是其十大权重股。

十大权重股　　　　　　　　　　　　　　　　　　截止日期:2020-11-02

代码	简称	行业	权重
002594	比亚迪	可选消费	9.39
300124	汇川技术	工业	7.83
002812	恩捷股份	原材料	6.15
300450	先导智能	工业	5.20
300750	宁德时代	工业	5.09
300014	亿纬锂能	工业	4.89
002050	三花智控	工业	4.52
002460	赣锋锂业	原材料	4.50
600885	宏发股份	工业	3.89
002074	国轩高科	工业	3.76

图 5-14　国泰中证新能源车 ETF 十大权重股

十大权重股　　　　　　　　　　　　　　　　　　截止日期:2020-11-02

代码	简称	行业	权重
002185	华天科技	信息技术	4.41
300496	中科创达	信息技术	3.55
300088	长信科技	信息技术	3.23
000636	风华高科	信息技术	2.84
002439	启明星辰	信息技术	2.84
300418	昆仑万维	信息技术	2.78
603444	吉比特	信息技术	2.77
000988	华工科技	信息技术	2.61
300168	万达信息	信息技术	2.49
002156	通富微电	信息技术	2.46

图 5-15　南方中证 500 信息技术 ETF 十大权重股

9. 国泰中证计算机主题 ETF（512720）

这是国泰基金公司发售的一只基金，跟踪的是中证计算机主题指数。中证计算机主题指数以中证全指为样本空间，选取涉及信息技术服务、应用软件、系统软件、电脑硬件等业务的上市公司股票作为成分股，以反映计算机类相关上市公司的整体表现，为市场提供多样化的投资标的。目前有 99 只成分股，图 5-16 中是其十大权重股。

十大权重股			截止日期:2020-11-02
代码	简称	行业	权重
002415	海康威视	信息技术	13.53
600570	恒生电子	金融地产	5.83
600588	用友网络	信息技术	5.80
002410	广联达	信息技术	5.15
002230	科大讯飞	信息技术	4.90
603019	中科曙光	信息技术	2.74
300454	深信服	信息技术	2.56
000938	紫光股份	信息技术	2.48
000977	浪潮信息	信息技术	2.21
300496	中科创达	信息技术	2.04

图 5-16　国泰中证计算机主题 ETF 十大权重股

10. 国泰 CES 半导体 ETF（512760）

这是国泰基金公司发售的一只基金，跟踪的是中华半导体芯片指数。中华半导体芯片为股票价格指数，旨在追踪中国 A 股市场半导体芯片行业上市公司的股票整体表现，相关公司经营范围涵盖半导体芯片材料、设备、设计、制造、封装和测试。目前有 48 只成分股，图 5-17 中是其十大权重股。

十大权重股　　　　　　　　　　　　　　　　　　　　　截止日期:2020-11-02

代码	简称	行业	权重
603986	兆易创新	信息技术	8.45
002371	北方华创	信息技术	6.70
002049	紫光国微	信息技术	6.63
002129	中环股份	工业	6.54
600584	长电科技	信息技术	6.54
603501	韦尔股份	信息技术	5.69
603160	汇顶科技	信息技术	4.89
002185	华天科技	信息技术	4.84
300661	圣邦股份	信息技术	4.12
300782	卓胜微	信息技术	3.68

图 5-17　国泰 CES 半导体 ETF 十大权重股

11. 华夏中证 5G 通信主题 ETF（515050）

这是华夏基金公司发售的一只基金，跟踪的是 5G 通信指数。中证 5G 通信主题指数选取产品和业务与 5G 通信技术相关的上市公司的股票作为样本股，包括但不限于电信服务、通信设备、计算机及电子设备和计算机运用等细分行业，以反映相关领域的 A 股上市公司的整体表现。目前有 61 只成分股，图 5-18 中是其十大权重股。

十大权重股   截止日期:2020-11-02

代码	简称	行业	权重
002475	立讯精密	信息技术	13.94
002241	歌尔股份	信息技术	9.85
000063	中兴通讯	电信业务	7.68
603986	兆易创新	信息技术	6.20
600703	三安光电	信息技术	4.64
300136	信维通信	电信业务	3.38
002179	中航光电	信息技术	2.87
000938	紫光股份	信息技术	2.86
002384	东山精密	信息技术	2.81
002456	欧菲光	信息技术	2.72

图 5-18　华夏中证 5G 通信主题 ETF 十大权重股

二、医药类

1. 华宝中证医疗 ETF（512170）

这是华宝基金公司发售的一只基金，跟踪中证医疗指数。中证医疗指数从沪深 A 股医药卫生行业的上市公司中，选取业务涉及医疗器械、医疗服务、医疗信息化等医疗主题的上市公司的股票作为指数样本股，以反映医疗主题上市公司的整体表现。目前有 50 只成分股，图 5-19 中是其十大权重股。

2. 银华中证创新药产业 ETF（159992）

这是银华基金公司发售的一只基金，跟踪的是中证创新药产业指数。中证创新药产业指数选取主营业务涉及创新药研发的上市公司作为待选样本，按照市值排序选取不超过 50 家最具代表性上市公司的股票作为样本股，以反映创新药产业上市公司的整体表现。目前有 43 只成分股，图 5-20 中是其十大权重股。

十大权重股　　　　　　　　　　　　　　　　　　截止日期:2020-11-02

代码	简称	行业	权重
300015	爱尔眼科	医药卫生	12.16
300760	迈瑞医疗	医药卫生	11.29
603259	药明康德	医药卫生	11.12
300347	泰格医药	医药卫生	6.05
002044	美年健康	医药卫生	4.27
600763	通策医疗	医药卫生	4.20
300003	乐普医疗	医药卫生	3.42
300529	健帆生物	医药卫生	3.08
300253	卫宁健康	医药卫生	2.90
603882	金域医学	医药卫生	2.33

图 5-19　华宝中证医疗 ETF 十大权重股

十大权重股　　　　　　　　　　　　　　　　　　截止日期:2020-11-02

代码	简称	行业	权重
603259	药明康德	医药卫生	9.81
600276	恒瑞医药	医药卫生	9.08
000661	长春高新	医药卫生	8.56
300122	智飞生物	医药卫生	8.50
300142	沃森生物	医药卫生	6.23
300347	泰格医药	医药卫生	5.34
600196	复星医药	医药卫生	5.31
300601	康泰生物	医药卫生	4.81
002821	凯莱英	医药卫生	3.18
300003	乐普医疗	医药卫生	3.01

图 5-20　银华中证创新药产业 ETF 十大权重股

3. 富国中证医药 50ETF（515950）

这是富国基金公司发售的一只基金，跟踪医药 50 指数。中证医药 50 指数由沪深两市医药卫生行业中规模大、经营质量好的 50 只龙头公司股票组成，以反映沪深两市医药行业内龙头公司的整体表现，为指数化产品提供新的标的。目前有 50 只成分股，图 5-21 中是其十大权重股。

十大权重股　　　　　　　　　　　　　　　　截止日期:2020-11-02

代码	简称	行业	权重
600276	恒瑞医药	医药卫生	8.83
300760	迈瑞医疗	医药卫生	8.61
300015	爱尔眼科	医药卫生	7.76
603259	药明康德	医药卫生	7.10
000661	长春高新	医药卫生	6.20
300122	智飞生物	医药卫生	6.15
600436	片仔癀	医药卫生	4.13
300347	泰格医药	医药卫生	3.86
600196	复星医药	医药卫生	3.84
300601	康泰生物	医药卫生	3.48

图 5-21　富国中证医药 50ETF 十大权重股

三、消费类

1. 汇添富中证主要消费 ETF（159928）

这是汇添富基金公司发售的一只基金，跟踪的是中证主要消费指数。中证主要消费指数由中证 800 指数样本股中的主要消费行业上市公司股票组成，以反映该行业上市公司的整体表现。目前有 49 只成分股，图 5-22 中是其十大权重股。

十大权重股   截止日期:2020-11-02

代码	简称	行业	权重
000858	五粮液	主要消费	17.65
600519	贵州茅台	主要消费	13.74
600887	伊利股份	主要消费	9.76
603288	海天味业	主要消费	6.66
000568	泸州老窖	主要消费	5.53
002714	牧原股份	主要消费	4.57
002304	洋河股份	主要消费	4.48
300498	温氏股份	主要消费	3.54
600438	通威股份	主要消费	3.52
000876	新希望	主要消费	2.59

图 5-22 汇添富中证主要消费 ETF 十大权重股

2. 鹏华中证酒 ETF（512690）

这是鹏华基金公司发售的一只基金，跟踪的是中证白酒指数。中证酒指数以中证全指为样本，选取涉及白酒、啤酒、葡萄酒酿造等业务的上市公司股票作为成分股，以反映酒类相关上市公司的整体表现，为市场提供多样化的投资标的。目前有 25 只成分股，图 5-23 中是其十大权重股。

十大权重股   截止日期:2020-11-02

代码	简称	行业	权重
000568	泸州老窖	主要消费	13.20
002304	洋河股份	主要消费	11.08
000858	五粮液	主要消费	10.79
600809	山西汾酒	主要消费	10.34
600519	贵州茅台	主要消费	8.39
603369	今世缘	主要消费	5.47
600600	青岛啤酒	主要消费	4.80
000860	顺鑫农业	主要消费	4.62
600132	重庆啤酒	主要消费	4.42
000596	古井贡酒	主要消费	4.21

图 5-23　鹏华中证酒 ETF 十大权重股

四、其他行业类

1. 华宝中证银行 ETF（512800）

这是华宝基金公司发售的一只基金，跟踪的是中证银行指数。中证银行指数选取中证全指样本股中的银行行业股票组成，以反映该行业上市公司的整体表现。目前有 36 只成分股，图 5-24 中是其十大权重股。

2. 广发中证传媒 ETF（512980）

这是广发基金公司发售的一只基金，跟踪的是中证传媒指数。中证传媒指数从沪深 A 股广播与有线电视、出版、营销与广告、电影与娱乐、互联网信息服务、移动互联网信息服务等行业中选取总市值较大的 50 只上市公司股票作为指数样本股，以反映传媒领域代表性上市公司的整体表现。目前有 50 只成分股，图 5-25 中是其十大权重股。

十大权重股 截止日期:2020-11-02

代码	简称	行业	权重
600036	招商银行	金融地产	16.51
601166	兴业银行	金融地产	10.48
601398	工商银行	金融地产	8.18
000001	平安银行	金融地产	8.08
601328	交通银行	金融地产	5.86
600016	民生银行	金融地产	5.16
600000	浦发银行	金融地产	5.13
002142	宁波银行	金融地产	4.76
601288	农业银行	金融地产	4.30
601229	上海银行	金融地产	3.68

图 5-24 华宝中证银行 ETF 大权重股

十大权重股 截止日期:2020-11-02

代码	简称	行业	权重
002027	分众传媒	可选消费	17.17
300413	芒果超媒	可选消费	9.72
002555	三七互娱	信息技术	6.33
002624	完美世界	信息技术	4.63
002602	世纪华通	信息技术	3.98
002131	利欧股份	可选消费	3.64
300418	昆仑万维	信息技术	3.50
603444	吉比特	信息技术	3.49
600637	东方明珠	可选消费	3.27
300315	掌趣科技	信息技术	2.97

图 5-25 广发中证传媒 ETF 十大权重股

3. 信诚中证基建工程指数（LOF）A（165525）

这是中信保诚基金公司发售的一只基金，跟踪的是中证基建工程指数。中证基建工程指数以中证全指为样本，选取涉及建筑与工程业务的上市公司股票作为成分股，以反映基建工程领域相关上市公司的整体表现，为市场提供多样化的投资标的。目前有50只成分股，图5-26中是其十大权重股。

十大权重股   截止日期:2020-11-02

代码	简称	行业	权重
601390	中国中铁	工业	9.82
601668	中国建筑	工业	9.77
601186	中国铁建	工业	9.10
601669	中国电建	工业	7.00
601800	中国交建	工业	6.25
600068	葛洲坝	工业	4.65
601618	中国中冶	工业	4.41
601117	中国化学	工业	3.27
002081	金螳螂	工业	3.24
600170	上海建工	工业	3.21

图 5-26 信诚中证基建工程指数（LOF）A 十大权重股

4. 易方达中概互联 50ETF（513050）

这是易方达基金公司发售的一只基金，跟踪的是中国互联网50指数。中证海外中国互联网 50 指数选取境外交易所上市的 50 家中国互联网上市公司的股票作为样本股，采用自由流通市值加权计算，以反映在境外交易所上市知名中国互联网公司的投资机会。目前有 42 只成分股，图 5-27 中是其十大权重股。

十大权重股   截止日期:2020-11-02

代码	简称	行业	权重
BABA	阿里巴巴	信息技术	29.44
700	腾讯控股	信息技术	29.00
3690	美团-W	可选消费	11.99
JD	京东商城	可选消费	4.91
PDD	拼多多		3.71
BIDU	百度	信息技术	3.13
1810	小米集团-W	电信业务	2.78
BEKE	贝壳		2.66
NTES	网易	信息技术	2.37
TAL	好未来	可选消费	2.13

图 5-27 易方达中概互联 50ETF 权重股

5. 南方中证申万有色金属 ETF（512400）

这是南方基金公司发售的一只基金，跟踪的是有色金属指数。中证申万有色金属反映有色金属行业上市公司股价的整体走势，该指数从沪深 A 股中挑选日均总市值前 50 的有色金属行业上市公司股票组成样本股。目前有 50 只成分股，图 5-28 中是其十大权重股。

6. 华宝中证全指证券公司 ETF（512000）

这是华宝基金公司发售的一只基金，跟踪的是证券公司指数。中证全指证券公司指数选取中证全指样本股中的证券行业上市公司的股票组成，以反映该行业上市公司的整体表现。目前有45只成分股，图 5-29 中是其十大权重股。

十大权重股			截止日期 2020-11-02
代码	简称	行业	权重
601899	紫金矿业	原材料	14.22
002460	赣锋锂业	原材料	7.07
600547	山东黄金	原材料	6.33
603993	洛阳钼业	原材料	4.10
603799	华友钴业	原材料	4.09
600111	北方稀土	原材料	3.15
601600	中国铝业	原材料	2.73
600988	赤峰黄金	原材料	2.64
601168	西部矿业	原材料	2.58
002466	天齐锂业	原材料	2.55

图 5-28　南方中证申万有色金属 ETF 十大权重股

十大权重股			截止日期 2020-11-02
代码	简称	行业	权重
600030	中信证券	金融地产	14.47
300059	东方财富	金融地产	10.02
600837	海通证券	金融地产	8.35
601688	华泰证券	金融地产	7.05
601211	国泰君安	金融地产	5.01
600999	招商证券	金融地产	4.76
000166	申万宏源	金融地产	2.85
000776	广发证券	金融地产	2.82
002736	国信证券	金融地产	2.42
600958	东方证券	金融地产	2.37

图 5-29　华宝中证全指证券公司 ETF 十大权重股

7. 易方达中证香港证券投资主题 ETF（513090）

这是易方达基金公司发售的一只基金，跟踪的是中证香港证券投资主题指数。中证香港证券投资主题指数从符合港股通条件的港股中选取一定数量的证券投资主题类上市公司的股票作为指数样本股，采用自由流通市值加权，以反映港股通范围内证券投资主题类上市公司的整体表现。目前有 21 只成分股，图 5-30 中是其十大权重股。

十大权重股			截止日期 2020-11-02
代码	简称	行业	权重
388	香港交易所	金融地产	16.56
6030	中信证券	金融地产	14.46
3908	中金公司	金融地产	11.77
6837	海通证券	金融地产	9.73
6886	HTSC	金融地产	9.01
1776	广发证券	金融地产	7.66
6881	中国银河	金融地产	7.16
6099	招商证券	金融地产	4.30
6066	中信建投证券	金融地产	3.62
2611	国泰君安	金融地产	3.03

图 5-30　易方达中证香港证券投资主题 ETF 十大权重股

8. 国泰中证全指证券公司 ETF（512880）

这是国泰基金公司发售的一只基金，跟踪的是中证全指证券公司指数。中证全指证券公司指数选取中证全指样本股中的证券行业上市公司的股票组成，以反映该行业上市公司的整体表现。目前有 45 只成分股，图 5-31 中是其十大权重股。

十大权重股   截止日期:2020-11-02

代码	简称	行业	权重
600030	中信证券	金融地产	14.47
300059	东方财富	金融地产	10.02
600837	海通证券	金融地产	8.35
601688	华泰证券	金融地产	7.05
601211	国泰君安	金融地产	5.01
600999	招商证券	金融地产	4.76
000166	申万宏源	金融地产	2.85
000776	广发证券	金融地产	2.82
002736	国信证券	金融地产	2.42
600958	东方证券	金融地产	2.37

图 5-31　国泰中证全指证券公司 ETF 十大权重股

9. 华宝中证军工 ETF（512810）

这是华宝基金公司发售的一只基金，跟踪的是中证军工指数。中证军工指数由十大军工集团控股的，且主营业务与军工行业相关的上市公司以及其他主营业务为军工行业的上市公司股票作为指数样本，以反映军工行业上市公司的整体表现。目前有 48 只成分股，图 5-32 中是其十大权重股。

十大权重股   截止日期:2020-11-02

代码	简称	行业	权重
600893	航发动力	工业	6.92
601989	中国重工	工业	6.68
000768	中航飞机	工业	6.22
002179	中航光电	信息技术	5.67
000547	航天发展	工业	4.64
002013	中航机电	工业	4.48
002414	高德红外	工业	4.13
600760	中航沈飞	工业	3.99
002465	海格通信	电信业务	3.80
600118	中国卫星	工业	3.24

图 5-32 华宝中证军工 ETF 十大权重股

五、宽基类

1. 南方中证 500ETF（510500）

这是南方基金公司发售的一只基金，跟踪的是中证 500 指数。中证 500 指数由全部 A 股中剔除沪深 300 指数成分股及总市值排名前 300 名的股票后，总市值排名靠前的 500 只上市公司的股票组成，以综合反映中国 A 股市场中一批中小市值公司的整体表现。目前有 500 只成分股，图 5-33 中是其十大权重股。

2. 华夏上证 50ETF（510050）

这是华夏基金公司发售的一只基金，跟踪的是上证 50 指数。

上证50指数由沪市A股中规模大、流动性好的最具代表性的50
只上市公司的股票组成，以反映上海证券市场最具影响力的一批
龙头公司的表现。目前有50只成分股，图5-34中是其十大权重股。

十大权重股   截止日期:2020-11-02

代码	简称	行业	权重
300274	阳光电源	工业	0.89
002821	凯莱英	医药卫生	0.74
300012	华测检测	工业	0.71
600739	辽宁成大	工业	0.67
600426	华鲁恒升	原材料	0.64
600079	人福医药	医药卫生	0.64
300285	国瓷材料	原材料	0.63
002185	华天科技	信息技术	0.62
002127	南极电商	工业	0.61
300207	欣旺达	工业	0.60

图 5-33　南方中证 500ETF 十大权重股

十大权重股   截止日期:2020-11-02

代码	简称	行业	权重
600519	贵州茅台	主要消费	13.04
601318	中国平安	金融地产	12.97
600036	招商银行	金融地产	6.43
600276	恒瑞医药	医药卫生	5.14
600030	中信证券	金融地产	3.71
600887	伊利股份	主要消费	3.56
601166	兴业银行	金融地产	3.44
601012	隆基股份	工业	3.02
601888	中国中免	可选消费	2.94
601398	工商银行	金融地产	2.68

图 5-34　中是其十大权重股

3. 华泰 MSCIETF（512520）

这是华泰柏瑞基金公司发售的一只基金，跟踪的是 MSCI 中国 A 股国际通指数。图 5-35 中是其十大权重股。

十大重仓股

股票名称	股票代码	持有量(万股)	市值(万元)	占净值
贵州茅台	600519	1.34	2243.80	5.63%
五粮液	000858	4.08	901.81	2.26%
中国平安	601318	11.75	896.21	2.25%
招商银行	600036	22.34	804.07	2.02%
宁德时代	300750	2.55	533.46	1.34%
中国中免	601888	2.28	508.28	1.28%
恒瑞医药	600276	5.53	496.36	1.25%
长江电力	600900	23.71	453.67	1.14%
海天味业	603288	2.80	454.40	1.14%
立讯精密	002475	7.62	435.24	1.09%

2020-09-30

图 5-35 华泰 MSCIETF 十大权重股

4. 华泰柏瑞沪深 300ETF（510300）

这是华泰柏瑞基金公司发售的一只基金，跟踪的是沪深 300 指数。沪深 300 指数由上海和深圳证券市场中市值大、流动性好的 300 只股票组成，以反映中国 A 股市场上市上市公司的整体表现。目前有 300 只成分股，图 5-36 中是其十大权重股。

十大权重股   截止日期:2020-11-02

代码	简称	行业	权重
600519	贵州茅台	主要消费	5.00
601318	中国平安	金融地产	4.97
000858	五粮液	主要消费	2.83
600036	招商银行	金融地产	2.47
000333	美的集团	可选消费	2.43
600276	恒瑞医药	医药卫生	1.97
000651	格力电器	可选消费	1.72
600030	中信证券	金融地产	1.42
002475	立讯精密	信息技术	1.41
600887	伊利股份	主要消费	1.37

图 5-36　华泰柏瑞沪深 300ETF 十大权重股

5. 南方中证 500ETF 联接（LOF）A（160119）

这是南方基金公司发售的一只基金，跟踪的是中证 500 指数。中证 500 指数由全部 A 股中剔除沪深 300 指数成分股及总市值排名前 300 名的股票后，总市值排名靠前的 500 只上市公司的股票组成，以反映中国 A 股市场中一批中小市值公司的整体表现。目前有 500 只成分股，图 5-37 中是其十大权重股。

6. 富国中证 500 指数增强（LOF）A（161017）

这是富国基金公司发售的一只基金，跟踪的是中证 500 指数。中证 500 指数由全部 A 股中剔除沪深 300 指数成分股及总市值排名前 300 名的股票后，总市值排名靠前的 500 只上市公司的股票组成，以反映中国 A 股市场中一批中小市值公司的整体表现。目前有 500 只成分股，图 5-38 中是其十大权重股。

代码	简称	行业	权重
300274	阳光电源	工业	0.89
002821	凯莱英	医药卫生	0.74
300012	华测检测	工业	0.71
600739	辽宁成大	工业	0.67
600426	华鲁恒升	原材料	0.64
600079	人福医药	医药卫生	0.64
300285	国瓷材料	原材料	0.63
002185	华天科技	信息技术	0.62
002127	南极电商	工业	0.61
300207	欣旺达	工业	0.60

十大权重股　截止日期:2020-11-02

图 5-37　南方中证 500ETF 联接（LOF）A 十大权重股

代码	简称	行业	权重
300274	阳光电源	工业	0.89
002821	凯莱英	医药卫生	0.74
300012	华测检测	工业	0.71
600739	辽宁成大	工业	0.67
600426	华鲁恒升	原材料	0.64
600079	人福医药	医药卫生	0.64
300285	国瓷材料	原材料	0.63
002185	华天科技	信息技术	0.62
002127	南极电商	工业	0.61
300207	欣旺达	工业	0.60

十大权重股　截止日期:2020-11-02

图 5-38　富国中证 500 指数增强（LOF）A（161017）十大权重股

7. 兴全沪深 300 指数（LOF）A（163407）

这是兴证全球基金公司发售的一只基金，跟踪的是沪深 300

指数。沪深 300 指数由上海和深圳证券市场中市值大、流动性好的 300 只上市公司的股票组成，以反映中国 A 股市场上市公司的整体表现。目前有 300 只成分股，图 5-39 中是其十大权重股。

代码	简称	行业	权重
600519	贵州茅台	主要消费	5.00
601318	中国平安	金融地产	4.97
000858	五粮液	主要消费	2.83
600036	招商银行	金融地产	2.47
000333	美的集团	可选消费	2.43
600276	恒瑞医药	医药卫生	1.97
000651	格力电器	可选消费	1.72
600030	中信证券	金融地产	1.42
002475	立讯精密	信息技术	1.41
600887	伊利股份	主要消费	1.37

十大权重股　　　　　　　　　　　　截止日期:2020-11-02

图 5-39　兴全沪深 300 指数（LOF）A 十大权重股

8. 科创 50 指数（1B0688）

上证科创板 50 成分指数由上海证券交易所科创板中市值大、流动性好的 50 只上市公司的股票组成，以反映最具市场代表性的一批科创上市公司的整体表现。目前有 50 只成分股，图 5-40 中是其十大权重股。

目前有四只基金跟踪该指数，分别是：华夏基金公司，华夏上证科创板 50 成份 ETF（588000）；工银瑞信基金公司，工银上证科创板 50 成份 ETF（588050）；易方达基金公司，易方达上证科创板 50 成份 ETF（588080）；华泰柏瑞基金公司，华泰柏瑞上证科创板 50 成份 ETF（588090）。

十大权重股 　　　　　　　　　　　　　　　　　截止日期:2020-11-02

代码	简称	行业	权重
688111	金山办公	信息技术	10.03
688036	传音控股	电信业务	5.62
688188	柏楚电子	信息技术	4.65
688012	中微公司	信息技术	4.62
688029	南微医学	医药卫生	4.62
688009	中国通号	信息技术	4.27
688363	华熙生物	医药卫生	4.00
688266	泽璟制药	医药卫生	3.87
688139	海尔生物	医药卫生	3.63
688008	澜起科技	信息技术	3.52

图 5-40　科创 50 指数十大权重股

9. 易方达沪深 300 非银 ETF（512070）

这是易方达基金公司发售的一只基金，跟踪的是沪深 300 非银行金融指数。沪深 300 非银行金融指数选取沪深 300 指数中综合金融、保险行业上市公司的股票作为样本，以反映该类上市公司的整体表现。目前有 39 只成分股，图 5-41 中是其十大权重股。

10. 易方达恒生国企 ETF（510900）

这是易方达基金公司发售的一只基金，跟踪的是恒生中国企业指数。图 5-42 中是其十大权重股。

十大权重股

代码	简称	行业	权重
601318	中国平安	金融地产	31.81
600030	中信证券	金融地产	9.10
300059	东方财富	金融地产	6.16
600837	海通证券	金融地产	5.14
601688	华泰证券	金融地产	4.34
601601	中国太保	金融地产	3.24
601211	国泰君安	金融地产	3.08
600999	招商证券	金融地产	2.93
601628	中国人寿	金融地产	2.83
600570	恒生电子	金融地产	2.80

图 5-41　易方达沪深 300 非银 ETF 十大权重股

序号	股票代码	股票名称	最新价	涨跌幅	相关资讯	占净值比例
1	00700.HK	腾讯控股	595.00	-4.42%	股吧 行情	9.84%
2	00939.HK	建设银行	6.00	1.52%	股吧 行情	9.04%
3	02318.HK	中国平安	85.10	1.43%	股吧 行情	7.89%
4	00941.HK	中国移动	51.25	1.28%	股吧 行情	5.06%
5	09988.HK	阿里巴巴-SW	275.40	-5.10%	股吧 行情	5.05%
6	01398.HK	工商银行	4.74	0.85%	股吧 行情	4.94%
7	03690.HK	美团点评-W	300.00	-10.50%	股吧 行情	4.74%
8	01810.HK	小米集团-W	24.45	-4.31%	股吧 行情	4.14%
9	03988.HK	中国银行	2.72	1.87%	股吧 行情	3.18%
10	03968.HK	招商银行	48.40	3.20%	股吧 行情	2.38%

图 5-42　易方达恒生国企 ETF 十大权重股

本章读后笔记

- 长期定投策略。
- 行业轮动策略。
- 短线交易策略。
- ETF "避雷" 指南。

读 后 作 业

散户更适合和那种 ETF 策略？你会选择那种投资方式，为什么？投资 ETF 有哪些雷？

一起思考写出答案吧。下一章，我们重点学习场外指数基金的投资实践。

第六章

场外指数基金投资指南

第一节 为什么要投场外基金

场外基金是一种比较适合普通上班族的理财工具，但由于不能即时交易，很多投资者似乎看不上场外基金。这跟我们的市场环境有很大关系，大部分散户还是习惯了场内个股交易的即时性，忽略了场外基金的优势，没有结合自身的情况做好评估。也许把以下四点思考过后，大家会对场外基金有不同的想法。

一、品种齐全，不需要盯盘

目前，整个市场里有 7500 余只公募基金，公募基金总规模已经接近 20 万亿元。从类型上分，公募基金可以分为股票型基金、混合型基金、债券型基金、指数型基金，另外还有 QDII 基金、LOF 基金、FOF 基金。

从主体风格上可分为消费、医疗、科技、军工、新能源车等，各种主题都有对应的基金，多的几百只，少的也有 10 多只；各种新兴产业对应的基金，比如新能源车、光伏等，都会快速出现对应的主题类基金，包括指数型和主动型。

这 7500 余只公募基金为普通投资者投资提供了广阔的选择空间，可以说品种齐全，满足了各种投资需求。

按照场外基金的投资规则，凡是在当日 15：00 之前确认成交的申购份额，是按照收盘后的当日净值成交的（QDII 是按照 T

+1 日，也就是次一个工作日净值成交），盘中的波动就跟投资者基本上没有关系，普通投资者就不用再利用工作时间盯盘了，可以实现工作和投资两不耽误。

二、指数型基金费率低，完全复制指数

场外的指数型基金具有两个明显的特点。

（1）费率比较低。目前国内的指数基金的费率是比较低的，一般持有 1 年以上的指数基金，计算管理费、托管费、指数使用费等，每年不会超过 1%~1.5%，这样的费用已经是很低了，要知道 1 年期定期存款也要 1.75% 的利息。当然，我也认为指数基金的费用还有下降的空间，但从我们投资的费用来说，还是可以的。

（2）完全复制指数，不增加任何主动因子。投资场外指数基金的一个核心原则就是力争完全复制指数，也就是说争取跟指数走势一模一样。有了这样一个原则，对于投资者来说关注指数就够了，不需要操心跟踪基金的其他事情。

三、主动型基金集中在龙头

场外除了指数型基金外，还有主动型基金，优秀的主动型基金大部分都具有比较明显的特点，那就是持有全市场的优质龙头公司，或者是这个行业里的优秀龙头公司，这样的持仓和投资风

格注定了是要大幅跑赢市场的，这样的持仓跟指数型基金的分散投资正好形成了补充。

多说一句，关于龙头集中，我是认可的，这也是大部分优秀的主动型基金的选择，逻辑很简单，我们选择主动型基金不就是希望它们能够帮我们发掘优秀的上市公司，进而集中持有吗？对于分散持股的主动型基金我是不太喜欢的，因为这对于投研体系的要求太高了，对于基金经理的投资交易能力都会有比较大的考验，往往长期保持优秀的业绩比较难。从目前市场优秀的主动型基金绝大部分都是集中持股看，这个逻辑是成立的。

四、频繁交易成本高，可以管住交易的手

场外基金还有一个特征，就是交易成本比较高，比较常见的费率种类有基金管理人收取的管理费、基金托管人收取的托管费、基金销售平台收取的申购费和销售服务费，以及赎回费。

申购费：买得越多越便宜，100 万元以下一般是 0.5% ~ 1.5%，一般第三方平台会打一折，基金自有平台有时候打一折甚至免费，银行券商比较高，基本不打折。

赎回费：有惩罚性赎回费，持有时间少于 7 天，要收 1.5%，一般来说，超过 1 个月就只收 0.5%，超过 3 个月或者半年就只收 0.25%，满一年以上就免除了。

管理费：0 ~ 1%，很多基金都是免除的。

托管费：0.2%，比较常见。

销售服务费：0 ~ 0.5% 比较常见，一般 A 类没有，C 类收取。

一般如果持有场外基金不满 7 天，买卖一次的交易成本为 1.8% ~ 3.3%（银行券商最高），摩擦成本非常高，持有 7 天以上不满一个月为 1.3% ~ 2.8%。对比场内个股万分之 1 ~ 3 的费率，高出了 100 倍，这样的成本天然就带有鼓励和引导长期投资的意味，再加上只能以当日收盘的净值成交，并不能实时交易，每一个投资者都会琢磨琢磨，自然就不会频繁地短线交易了，也就管住了投资者冲动交易的手，大大降低了亏损的比例。

第二节　指数基金定投的几个误区

众所周知，由于我本人既投资个股又做指数基金，我这里用一些篇幅阐述下我对指数基金定投的一些看法，仅作讨论和交流。

一、参与任何讨论前，请先下场跑两圈

最近批判指数基金的朋友基本上都是研究个股的朋友，这种情况下大家的认知是有盲点的，我随口问几个问题：指数基金包含哪些品种？指数增强和主动型有什么区别？指数基金的费用是怎么收取的？指数基金的成交是按照净值还是市值计算的？这些是最基础的问题。我的意思是，批判前要先研究，做自己熟悉的

事情总没错，做自己不熟悉的事情，难免要贻笑大方了。

二、不要污名化指数基金

指数基金真的就简单吗？并不是，"悄悄盈"的跟投用户最有发言权，他们中间有人跟投过其他的组合，结果他们的年化收益率只有5%~6%，非常之低。他们有些人是将信将疑地跟投，自己分析自己投，结果发现自己根本跑不赢"悄悄盈"。我不是吹捧自己，比我厉害的人多了，我想说的是，指数基金和个股一样，只是个投资工具，哪个好用用哪个。至于说指数基金简单，大致是说赚钱容易些，说的没错啊！既然赚钱容易些，为什么你不赚，非要全仓押注个股呢？

三、定投不是只有沪深300指数

指数基金和主动型基金发展到现在，可以分为股票型、混合型、债券型、QDII型、指数型、FOF、LOF，仅仅在A股市场，宽基就有沪深300、中证500、上证50、中证100、创业板，细分的科技龙头、半导体、通信设备、医疗、创新药、中证消费、消费红利等指数，品种多了去了，为什么只盯住沪深300指数呢？

四、定投和工薪阶层的收入格局相关

至于定投和一次性满仓，更没有什么好讨论的，这里有两个问题，手里的闲钱怎么办，当然是在底部区域投出去，但是你不知道是不是绝对底部，我一向建议"悄悄盈"的新跟投者分 10 期（每周一期）跟投完。另一个问题是，散户的钱大多都是按月进来的，他只要选择投资，不是定投个股就是定投基金，有什么问题吗？

五、指数定投要注意长期方向

万物皆周期，低估永不败，这是我归纳用来指导自己投资的一句话。在我看来，指数基金投资和个股投资都一样，选择时机和赛道很重要。时机我就不说了，估值在历史底部的 A 股有非常好的投资机会，这是我一贯的观点，因为这就是市场牛熊转换周期的起步点。对于具体的投资方向，我一向建议要配置消费、医疗和科技这类长周期行情，还要重视证券、基建这类周期性反转的永续经营行业。投资并没有太多复杂的事情，归根到底还是对人性的把握，是投资能力的变现。

六、定投也可以低买高卖

低买高卖没什么问题，问题在于你做错了，仅此而已。还是周期的问题，贵到天上去的行业和个股要舍得卖，跌到很便宜的永续行业和个股要敢于买，只不过很多人做反了而已。你们可以查看"悄悄盈"，2020 年 2 月 25 日我卖出半导体和科技指数基金就是这个原因，反手立刻买入基建工程也是这个原因。我 4 月 24 日卖出医药基金是这个原因，这段时间开始持续增加科技指数基金的仓位也是这个原因。

最后声明，投资是一个不断反思和进步的事情，我们每一个人都在路上，只有不断地学习和实践，向高手和强者学习才能让自己尽快成长起来，成为更厉害的那个人，我也在路上。

第三节　这是一种"悄悄盈"的正确姿势

在基金的投资中，一直有一种争议，就是定投好，还是一步到位的配置好，这个话题争议了很久，也讨论了很久。总之，每个人都觉得自己说的有道理，一直没有个结果。我个人以为，这不过是资产配置的不同方式而已，选择什么样的方式，要看大家自己适不适合。我把两种投资的方式梳理一下，同时鉴于大家普遍对定投方式的收益、成本等有误解，最后我再专门举例说明一下定投的效果，其实一点也不差。

一、适合采用配置型方式投资基金的人群和资金

先解释下什么叫配置型投资，在基金的投资中，所谓的配置型投资指的是把手里所有可投资的钱按比例计算，投资到当下选择的品种，这种方式只有仓位概念，没有定投概念。形象点来说，就是假设手里有 100 份可投资资产，怎么在当下那一刻去分

配，是全部投出去，还是只投出去 70 份？投 A 资产 30 份、投 B 资产 70 份，还是各投 50 份，基本是这么一个概念。

投资方式本身是没有对错的，只有适合不适合的区别。那么配置型投资方式适合什么样的投资者和资金呢？

（1）适合经验比较丰富的投资者。基金尤其是 ETF，在某种意义上可以看作个股，对于经验丰富的投资者来说，投资 ETF 可以减少财务方面的投资研究，交易的成本更低，量价指标的有效性更大，只要解决好投资价格和时机的问题，短中长期投资的把握性都会提高不少。

这是对于场内基金也就是 ETF 而言，场外基金由于是以当日的净值成交，择时方面的就没有这种便利了，所以一般投资经验比较丰富的投资者可能不会选择。不过，随着主动型基金经理能力和业绩的持续提升，一些经验比较丰富的投资者也会适当配置场外基金。

（2）适合在绝对底部区域。那么是不是配置型就不适合偏小白的投资者了呢？显然不是，比如在 2018 年 10 月以后，在这种绝对的底部区域，一步配置到位的方式就非常适合。还有什么比在绝对的底部区域重仓、满仓更好的投资方式吗？当然，怎么判断绝对的底部，是另外一个话题。总之，只要是能确认绝对的底部区域，一键满仓的配置型投资方式同样适用于偏小白的投资者。

（3）适合一年以上不用的资金。配置型投资方式对于资金的闲置时长不像定投型要求那么高，但考虑到市场本身的风险性和不可预测性，即便是投资基金，配置型投资方式也应该具备基本的闲置时限要求。一般来说，能够确保 12 个月不会着急用的钱，会比较舒服和从容，止盈和止损都不会太急切，而且只要是处理好时机和品种，止盈的概率会更大一些。

（4）更适合波段操作。配置型投资本身就含有波段操作的因子，无非是做长期的波段（比如熊末买入、牛市卖出），还是做中短期的波段操作，毕竟牛市之中，还是有很多波波折折的行情的。当然，我们也可以做行业轮动。

二、适合采用定投型方式投资基金的人群和资金

定投的本意是定期投资，随着投资理财的延伸，定投除了具备定期投资的意义外，还有定额的意思，而现在定投的方式本身也有很多种。比如，定期定额，不定期定额，不定期不定额，定期不定额等。具体来说，就是把闲钱分成若干份，在未来的一段时间按照定投的计划投出去。还有一种方式，就是把定期流入的闲钱投出去。定投理财的方式相对来说对纪律性要求比较高，这些年来越来越受到投资者的喜爱，那么定投型投资方式适合哪类人群，又适合什么样的资金呢？

（1）适合工薪中产阶层。定投型基金投资，非常适合工薪中产阶层，这个道理很简单，因为工薪中产阶层的收入大多都是按月流入的，天然就是定投型投资者，总不能把钱攒 10 年然后再投资吧？一定会在结余可控的情况下做投资，无非选择是现金

理财还是定投基金，或者其他的风险资产罢了。

（2）适合相对没有经验的小白投资者。在某种意义上，定投型投资方式克服了择时的因素（也不是没有择时），对于很多并没有投资经验的小白用户，就不需要考虑太多市场因素和短期的涨涨跌跌，只需要盯住优秀的行业基金或者是主动型基金，按照自己的定投计划继续投资就可以了。

（3）适合熊市末期、牛市起步的初中期。定投虽然克服了择时的因素，但投资本身是不能忽略择时的，即便是定投，如果是在 2015 年 5178 点投出去，大概率到现在也不会有太好的收益，实际上，亏损的概率非常大。所以定投也选择在熊市末期进行布局，在牛市起步的初中期保持纪律，等到牛市中后期的疯狂时刻，就不要再投了，要做好止盈准备。

（4）对资金闲置的时间要求比较高。定投由于放弃或者不能把握阶段性高低点的投资择时，总的来说对标的基准就是市场平均或者行业平均涨幅，而市场本身的波动性是不可预测的。面对这种情况，在长期的实践中，大家有比较一致的观点：三年以上不用的闲钱才可以用来投资于股票型基金，六个月以上不用的闲钱才可以用来投资债券型基金。避免投资者在股市大幅波动的时候，着急用钱，而卖在阶段性的低点，这样的投资体验可就太糟糕了。

有一个观点要单独说一下，我们讨论的配置型和定投型投资方式，是基于股票型基金为主体进行的，实际上有一类基金对于配置型和定投型并没有什么要求，那就是债券型基金。优秀的债券型基金可以实现年年红，也就是每年都能有正收益，这类资产过去 10 年的平均收益率为 4%～5%，是可以作为一部分资产配置进行投资的。

三、定投是一种悄悄赚钱的方式

讲完配置型和定投型两种投资方式以及适用的人群后，我还是要单独讲一下定投，因为大家对定投是有比较深的误解的，大家总觉得定投收益不高，而且一定比配置型要差不少。我们仅仅想一想"七亏二平一赚"的基本规律，就应该明白，通过定投持续实现盈利，是能跑赢绝大部分采用配置型方式的投资者的。但是，我还是要举个例子，这样便于大家真正理解定投的威力，尤其是对于普通投资者来说，要遏制贪欲，克服浮躁的心理。

就以"悄悄盈"组合与沪深 300ETF 定投的收益来做个对比吧。"悄悄盈"是我主理的定投型基金组合，每周一定投发车 10000 元，都是我自己的真金白银的投资，从图 6-1 中可以看到交易记录，以及定投截至 2020 年 11 月 9 日的收益率。我大致统计了一下，2020 年我累计投资"悄悄盈"40 万元左右，收益率是 36.19%，同期沪深 300 指数的涨幅是 25.38%，但是这是涨幅，而不是收益率。我用蛋卷定投计算器，计算了按照每周一定投 10000 元与定投同期沪深 300ETF 的收益率，实际收益率是 16.53%，也就是说，按照定投的方式计算，截至 11 月 9 日，2020 年"悄悄盈"定投收益率为 36.19%，超出了定投同期沪深

图 6-1　"悄悄盈"组合与沪深 300ETF 定投的收益率对比

300 指数大约 19.66%，大家也可以计算自己把每月收入投入进去后，实际的收益率是多少，还觉得定投的效率低吗？要知道，这可是每周定投自己的闲钱。

最后，点出来我认为定投最重要的四个核心要素，在选择这种投资方式的时候，想清楚，就不会陷入迷茫和盲目的攀比中。

（1）定投看重的不是收益率，而是净收益额。也就是最终赚了多少钱，才是定投最重要的衡量指标，而不是比收益率。

（2）定投最重要的是纪律。选择定投自然就是选择了稳健之路，制订了定投计划就要遵守纪律，而不是涨的时候追涨多投一些，跌的时候就少投一些或不敢投了，这跟股市的追涨杀跌没什么区别，随意和盲目。

（3）定投一定要看长做长，切不可随行就市。做基金定投还要避免看长做短，定投本身是一件看长做长的长期投资，但中间因为短期的涨涨跌跌忘记了，又陷入了短期的追涨杀跌中，最后搞得一团糟。

（4）定投一定用闲钱而不是急用钱。这方面，我曾经多次说过，投资股票基金的钱一定是三年以上不用的闲钱这一要求。投资债券基金的钱一定是六个月以上不用的闲钱。这些就像春夏秋冬的四季轮回一样，都是多少人实践出来的真理，一定要参考，用急用钱去做投资，最后的心态、操作、收益都会严重不及预期，99%的投资可能会南辕北辙。

第四节　场外指数基金的一些共性的问题

一、指数基金有哪些优势

指数基金的主要优势有以下三点。

（1）主要宽基的历史业绩表明，宽基总是长期向上的，比如标普 500 指数在 69 年的历史中，完成了 175 倍的涨幅，沪深 300 在 14 年的历史中，完成了 3.8 倍的涨幅，中证 500 指数在 14 年的历史中，完成了 4.8 倍的涨幅。

（2）没有个股黑天鹅的困扰，以沪深 300 指数为例，其中单只个股暴雷黑天鹅，即便是第一权重股当天跌停，对指数的影响也不到 1%。

（3）买卖都很方便，无论是场内的 ETF 还是场外的跟踪基金，交易很顺畅，场内即时买卖（T+1），场外 15：00 以前当日收盘价成交，15：00 以后，次交易日收盘价成交。

用指数基金配置资产的主要优势就是省事省心，稳定复利。

二、小白投资者如何投资指数基金

如果我们是刚刚入市的小白投资者，可以优先选择跟踪沪深 300 和中证 100 的指数基金，最好选择场外的指数增强型基金，且选择比较大的基金公司，比如易方达、南方、富时、国泰等，一般都会有不错的收益。关于定投，这是比较适合普通散户的投资方式，主要原因还是因为散户的钱大部分都是按月流入的，从理财周期上，比较适合定投；在定投选择上，还是要注意择时，要在整个市场进入底部的时候再开始投资，不要在牛市中投资。

三、指数基金最重要的是收益率还是成本

对于指数基金来说，收益率是最重要的，既然投资，当然第一要义是收益率了。如果成本更重要，那你就不要买指数基金了，存在银行就行，既没有成本还有利息。而且，当下处在基金公司严重竞争的环境，费用是一降再降，可以说，基本上已经非常低了，我认为没有讨论的价值。

四、投资指数基金需要择时吗，什么时候卖出比较合适

需要择时，一定要买在低估的时候，买在熊市的末期，对于指数基金来说，这是非常好判断的，比如现在，已经熊了快5年的市场了，主要指数估值都在历史底部，当然是比较不错的投资机会了。至于卖出时机，宽基在牛市中期就开始逐笔卖出，千万不要奢望在牛市的最顶峰一次性卖出。对于行业类指数基金，这一原则也适用，不过中间波动率会比较大，30% ~ 50%的机会也是需要把握的。

五、指数基金跑不赢主动型基金吗

在一年的时间维度内，跑赢指数的主动型基金相对来说比较多，但拉长时间到 3~5 年看，能够持续跑赢指数的主动型基金并不多，可以说非常少，而且时间越长，指数基金胜出的概率和数量就越大。这里对标的指数有两种，一种是行业风格指数，比如消费主动型基金跟中证消费指数对比，半导体主动型基金跟半导体指数对比。另一种没有明显行业风格的，直接对比沪深 300 指数。

六、指数基金以后的发展前景如何

指数基金会是未来大多数投资者的最终选择，收益稳，风险低，是最适合投资者的一种工具。至于对指数基金投资者想说的一句话，我也是一名普通的投资者，在学习和投资指数基金的过程中，犯过不少错误，也吃过不少亏。刚才交流的很多资料都是自我学习中来自公开资料的信息，以及个人的思考，不一定完全正确，还请专业人士指教，不断提高。

本章读后笔记

- 投资场外指数基金的优势。
- 定投的根本原因。
- 几个共性的问题。

- 定投的优势。

读 后 作 业

为什么场外指数基金更适合定投？定投适合什么人群？定投可以低买高卖吗？

写出你的答案吧。下一章，我们会迎来宽基和行业基金的投资思考。

第七章

高效选择好基金的路径

第一节　要赚钱先投宽基

不管是做什么投资，如果一开始就赔钱，这人就很难有好的心情和状态，之后往往就会比较急躁，很容易越做越错。我参加过几次雪球和基金公司的线下活动，最压抑的就是跟赔钱的股民聊天，感觉整个气氛都不太对。从谈话中，我能够捕捉到那种不自信、不稳定、焦躁和失望，即使他们对投资有着巨大的热情和希望。所以，一般情况下，只要他是真心来找我交流，我都会在最后的时候告诉他，定投宽基，从现在开始，先让自己赚钱再说。

关于宽基，2018 年下半年我写了三篇关于中证 500 指数的系列文章，总的阅读量有 100 多万，所以大家感觉好像我说中证 500 指数最多。但实际上，如果我们能够把握主要宽基的周期节奏，大部分情况下都是能赚钱的，无非是赚多赚少的问题。所以，作为投资者，一定要合理分配自己的资产，在股市里除了个股投资外，一定要配置一部分指数基金（包括宽基和行业指数基金）。下面，我就把主要宽基的情况以及我个人的投资思考进行阐述。

一、为什么指数基金尤其是宽基能赚钱

为什么我建议一些赔钱的股民配置宽基，并信誓旦旦地说一

定赚钱？我分别从指数基金的历史和空间、指数基金的分类、长期上涨的缘由三个方面说明其中的投资逻辑。

1. 指数基金在中国空间很大

1976 年世界上第一只指数基金：先锋集团的先锋 500 指数基金诞生，从此之后指数基金取得了突破发展。以全球金融资产最发达的美国为例，截至 2018 年初，可统计的阳光型公私募指数基金规模就已经突破了 23 万亿美元，较前一年增加了 3.5 万亿美元，规模极其惊人，要知道，美国 2018 年的 GDP 也不过 20.49 万亿美元，指数基金的规模已经超出了 3 万亿美元之多。图 7-1 是 2007—2017 年美国各类投资公司净资产规模。

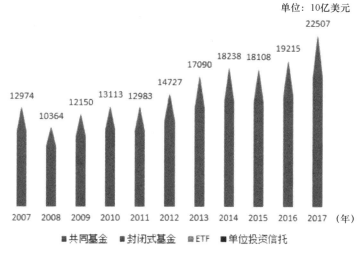

图 7-1　美国各类投资公司净资产规模

我国指数基金的发展也很快，基金协会公布的数据显示，2018 年 8 月公募基金的规模就达到了 14 万亿元，而且这一年来指数基金发展得很快，总的来看，指数基金的总规模也在 10 万亿元以上，但对比美国，我们发展的空间还很大。

2. 指数基金的分类

第一种分类方式，是按照主理人是否主动调整、主动制定策略进行分类，这样就可以分为主动型管理基金和被动型管理基金。被动型管理基金的基金经理只负责拟合指数，不进行择股和择时操作。主动型管理基金就很明显了，就是基金经理加入个人或者系统的投资策略，进行一些股份权重和择时的操作。那我们平时如何识别呢？也比较简单，凡是带有增强型几个字的，基本上都是主动型指数基金。

第二种分类方式，按照投资交易场所分类，分为场内交易指数基金和场外交易指数基金。场内交易基金的就是可以像股票买卖一样，可以在交易所进行公开直接交易的，它的交易费率按券商计算过的手续费、管理费等综合成本收取，短期持有成本比较低。其主要品种就是各类 ETF 基金，还有我国特有的 LOF 基金（LOF 也可以场外交易）。场外交易基金是指不在交易所进行交易，而是在基金销售平台，比如微信理财通、支付宝、天天基金、蛋卷基金等平台上进行买卖，一般短期持有费率比较高，买卖一次成本约 1.5%，长期持有成本比较低，持有 1 年以上成本降至 1% 以下。另外，随着指数基金的发展，目前很多场内的

ETF 都有场外链接基金，也是不错的选择。顺便继续说明我关于指数基金的态度，我是一向支持场外交易的，为的就是让交易成本来管住股民冲动交易的手，不要像交易个股一样随意买进和卖出，失去了指数基金投资的意义。

第三分类方式，也就我说的最适合普通投资者搞清楚指数基金情况的方式，即按照指数属性进行分类，分成三大类：综合指数基金、宽基和窄基。这三种不同类的基金分别对应不同的设计理念、选股规则和投资预期。所谓综合指数，是指成分股包含所有上市公司的股票，以反映全市场的状况，最典型的就是我们所熟知的上证指数、深证指数以及创业板指数等，综合指数是观察市场整体走势的一个重要指标。

宽基指数指的是覆盖股票面广泛，个股涵盖各个行业，具有相当代表性的指数基金。例如中证 500 指数、中证 800 指数、沪深 300 指数、中小板指数和创业板指数等。跟踪宽基指数的基金即为宽基指数基金，宽基指数基金通过买入成分股来构建投资组合，这样就能够有效分散风险，避免个股黑天鹅。而且通过权重的设定，能够降低某一个股或者行业权重过重的风险。窄基指数一般是行业指数或者主题、风格指数。相比宽基指数的行业多、股票多，窄基指数行业和个股更为集中，更多集中为某个行业或者板块。

3. 为什么投资指数会是确定性的赚钱机会

资本市场追求的就是确定性，大家投资个股，不就是觉得这只个股大概率是赚钱的吗？当然，大概率赔钱的结果也很残酷。

指数基金尤其是宽基确定性能赚钱，原因上有两点。

（1）国家向上，则指数向上。这是最简单的大逻辑，我们经常对标欧美日，并向它们学习，才有了我们今天的基础。去看看这些国家的主要指数，哪一个不是随着国家的强盛而不断走高的呢？以我经常举例的 SPX 标普 500 指数，69 年 182 倍的历史就是最好的说明。问一下，有什么人在不利用杠杆的情况下，在这样的时间周期内，能取得这样的收益吗？

我再说个综合性指数，日经 225，这个最能反映国家发展与指数的关联性。

日经 225 指数的历史性高点在 1989 年至 1990 年的 38957 点，比 1973 年上涨了 11.6 倍，后来虽然在"失去的二十年"一路调整，时至今日仍然上涨了 6.5 倍（见图 7-2）。

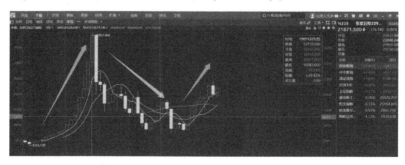

图 7-2　日经 225 指数走势图

欧洲股市就不列举了，实际上，最近几年特别火热的越南胡志明指数、印度孟买敏感 30 指数背后是国家经济的发展。而回头看中国，纵然问题很多，但谁都无法否认，我们仍然走在正确的路上，那么未来我国的增长就不会停滞，指数自然会持续向上，尤其是经过充分调整的指数。

（2）从实际指数来看，都在上涨。大逻辑讲完，就看具体的指数吧，分别举例综合指数、宽基指数和行业指数。上证指数，2932 点，比起始点位上涨 2.9 倍；宽基，沪深 300 指数，3852 点，比起始点位上涨了 3.8 倍；举个行业窄基，医药 100 指数，12328 点，比起始点位上涨了 12.3 倍。

最后一定要纠正一个思路，不要觉得投资个股就比投资基金水平高，一个赔钱的投资者，即便把上市公司研究透了，也没什么好骄傲的，赚钱才是王道，指数基金这个钱，你多少都应该赚一点点。

二、主要的宽基指数有哪些，各有什么特点

我把主要的宽基指数的优缺点说一下。

1. 主要宽基指数及投资选择

（1）主要宽基指数品种。宽基指数的概念大家都清楚了，就是按照一定维度和标准，从全市场选择符合条件的个股。按照目前指数的制订规则，只有中证公司具有发布指数的权利，上交所和深交所可以结合市场提出各自市场的建议指数，一些大型的基金公司也会提出这样的建议，中证公司会择优采用。目前，中证对外发布的宽基品种主要有 8 个（见表 7-1），分别是中证 100、200、500、700、800、1000 以及中证超大、沪深 300 这些成股份股数量不同的宽基指数（中证全指、中证流通、中证 A 股这 3 个属于综合指数）。

表 7-1　中证主要的 8 个宽基品种

指数代码	指数名称	成分股数量	最新收盘	1个月收益率(%)	资产类别	热点	地区覆盖	币种	是否定制	指数类别	发布时间
000300	沪深300	300	3716.54	-3.25	股票	—	境内	人民币	否	规模	2005-04-08
000802	中证流通	3030	4293.30	-3.50	股票	—	境内	人民币	否	规模	2006-02-27
000903	中证100	100	3974.75	-3.33	股票	—	境内	人民币	否	规模	2006-05-29
000904	中证200	200	3569.63	-3.18	股票	—	境内	人民币	否	规模	2007-01-15
000905	中证500	500	4722.58	-1.08	股票	—	境内	人民币	否	规模	2007-01-15
000906	中证800	800	3865.97	-3.35	股票	—	境内	人民币	否	规模	2007-01-15
000907	中证700	700	4094.00	-3.43	股票	—	境内	人民币	否	规模	2007-01-15
000980	中证超大	50	3101.46	-4.53	股票	—	境内	人民币	否	规模	2011-05-10
000985	中证全指	3402	4083.25	-3.48	股票	—	境内	人民币	否	规模	2011-08-02
000852	中证1000	1000	5013.58	-3.59	股票	—	境内	人民币	否	规模	2014-10-17
000903	中证A股	3631	2785.76	3.58	股票	—	境内	人民币	否	规模	2016-10-10

除此之外，上证也有 10 个，分别是上证 50、100、150、180、380，还有超大盘、上证小盘、上证中盘、市值百强、上证中小。深交所没有提交类似的宽基指数需求。所以，境内基本上主要的宽基品种就是这 18 个（见表 7-2）。

表 7-2　境内主要的 18 个宽基品种

指数代码	指数名称	成分股数量	最新收盘	1个月收益率(%)	资产类别	热点	地区覆盖	币种	是否定制	指数类别	发布时间
000001	上证指数	1524	2823.82	-3.71	股票	—	境内	人民币	否	规模	1991-07-15
000002	A股指数	1475	2956.19	-3.70	股票	—	境内	人民币	否	规模	1992-02-21
000003	B股指数	49	260.61	-1.40	股票	—	境内	美元	否	规模	1992-08-17
000008	综合指数	221	2741.85	-4.54	股票	—	境内	人民币	否	规模	1993-05-03
000010	上证180	180	8218.44	-3.27	股票	—	境内	人民币	否	规模	2004-07-01
000016	上证50	50	2824.23	-3.04	股票	—	境内	人民币	否	规模	2004-01-02
000017	新综指	1474	2385.19	-3.70	股票	—	境内	人民币	否	规模	2006-01-04
000020	中型综指	491	961.18	-3.67	股票	—	境内	人民币	否	规模	2008-05-12
000043	超大盘	20	2206.35	-3.22	股票	—	境内	人民币	否	规模	2009-04-23
000044	上证中盘	130	3193.79	-3.72	股票	—	境内	人民币	否	规模	2009-07-03
000045	上证小盘	320	3815.28	-4.11	股票	—	境内	人民币	否	规模	2009-07-03
000046	上证中小	450	3417.05	-3.89	股票	—	境内	人民币	否	规模	2009-07-03
000047	上证全指	500	3073.88	1.44	股票	—	境内	人民币	否	规模	2009-07-03
000009	上证380	380	4413.72	-3.25	股票	—	境内	人民币	否	规模	2010-11-29
000090	上证流通	1474	1062.74	-3.72	股票	—	境内	人民币	否	规模	2010-12-02
000132	上证100	100	4859.43	1.40	股票	—	境内	人民币	否	规模	2012-04-20
000133	上证150	150	3893.50	-4.34	股票	—	境内	人民币	否	规模	2012-04-20
000155	市值百强	100	2784.89	-3.01	股票	—	境内	人民币	否	规模	2012-07-20

（2）最具投资价值的宽基指数。那么哪些才是适合普通投资者选择的宽基指数呢？从我的经验和这 30 年来 A 股指数的运行来看。

第一步，先用排除法进行筛选。基本上 500 只个股综合成分股就是宽基的极限了，再多了，趋势轨迹就越来越接近综合指数，没有必要过度参与。这样筛选后，就只有上证 50、100、150、180、380，中证 100、中证 200、沪深 300 和中证 500 指数。

第二步，我会进一步去掉不能反映整个市场构成情况的上证系列。包括上证 50 这个 2020 年大火特火的指数，实际上拉长来看，上证 50 现在的收益率比中证 100 差了很多，仅从指数数据看，上证 50 指数在 2929 点，中证 100 指数在 4115 点，中证 100 明显更胜一筹。把上证系排除的原因很简单，上证只包含了中国上市公司的一半，另一半在深圳，全面筛选肯定更好。

第三步，现在剩下的宽基指数主要是央视 50、中证 100、中证 200、沪深 300、中证 500 这五个指数了。这里面中证 200 跟沪深 300 重叠度太高，相对沪深 300 更能反映市场中坚，所以最终留下 3 个主要宽基，我们再看下他们的主要特点。

2. 更具龙头效应的中证 100

中证 100 指数的成分股，由沪深 300 指数成分股中规模最大的 100 只股票组成，综合反映中国 A 股市场中最具市场影响力的一批超大市值公司的股票价格表现。来看看它的主要特点。

（1）中证 100 是典型的龙头和垄断指数。十大权重股里基本上是主要消费和金融地产，只有一只恒瑞医药是医药股的龙头，所有成分股权重中，金融地产占据了 48.14% 的份额，再加上主要消费的 16%，接近 65% 的份额，基本反映了当下 A 股金融、消费"横着走"的局面（见图 7-3）。

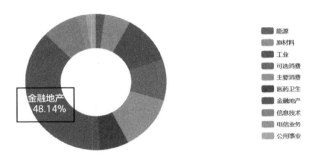

图 7-3　中证 100 指数的行业权重分布

（2）指数编制特别简单。中证 100 就是选取最近一年（新股为上市以来）的日均总市值进行排名，取整个市场前 100 名（但经专家委员会认定不宜作为样本的股票除外），按照市值权重分配。

（3）所有的中证指数都会每半年调整一次样本股。样本股调整实施时间分别为每年 6 月和 12 月的第二个星期五的下一交易日，中证 100 每次调整的比例一般不超过 10%。

3. 反映市场中坚的沪深 300 指数

沪深 300 指数由上海和深圳证券市场中市值大、流动性好的 300 只股票组成，综合反映中国 A 股市场上市股票价格的整体表现。

沪深 300 指数是主要宽基指数里面编制最为科学的一个，从名字中我们就可以看出来，同为中证宽基指数系列，但只有它叫沪深 300，可见在一开始定位的时候，编审就把它作为反映 A 股市场最中坚力量的指数来思考和定位。所以，在它的编制中，无论是派许加权综合价格指数公式还是自由流通量，以及分级靠档的方法，都是非常科学和严谨的。

实际上，沪深 300 指数的主要问题有两点。

（1）分红派息不予修正，任其自由回落。这实际上是降低了沪深 300 指数实际增长的，按照目前 2.62% 的股息率，考虑红利税，沪深 300 指数实际的增长率每年也至少少计算了 2%。

（2）个股的及时调整问题。比如 ST 康得和 ST 康美两家公司出了问题，连续跌停很久都没有启动临时调整机制，而是等到了 6 月第二个星期五的下一交易日才在定期调整中筛选出局。但是所有这一切，都不足以撼动沪深 300 指数最为最科学、最稳定、最能反映中国 A 股市场中坚力量的宽基指数这一定位。

4. 反映市场活力的中证 500 指数

中证 500 指数由全部 A 股中剔除沪深 300 指数成分股及总市值排名前 300 名的股票后，总市值排名靠前的 500 只股票组成，综合反映中国 A 股市场中一批中小市值公司的股票价格表现。这一定义就把中证 500 的特点全部表达出来了，我们具体来看一下。

（1）更加反映未来的趋势。仅以十大权股重为例，除了顺鑫农业之外，基本上清一色的信息技术，如果细分的话，主要是半导体、5G、云计算这些。而这些才是中国需要发展的核心技术，被人反复掐着脖子不让发展的产业。

（2）更多的细分产业龙头和龙二。具体有航天机电、洪都航空，半导体里的士兰微、闻泰科技，云计算里的中国软件、宝信软件，日化的上海家化、马应龙等，行业龙头和中坚的比例非常高。

（3）成分股占比特别均匀，再也没有中证 100 和沪深 300 指数那样金融地产和主要消费占据权重份额 60%～70% 的情况，最大权重行业分布是工业的 20.34% 和信息技术的 18.95%。以十大权重股为例，由于成分股数量众多，分配的权重往往都比较小，最大比例的是沪电股份的 0.82%。不存在被某一行业板块、个股绑架的问题（见图 7-4）。

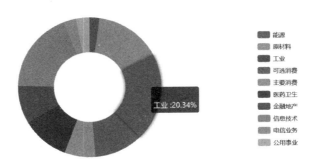

图 7-4　中证 500 指数的行业权重分布

三、基本的投资规律是什么

1. 能够确定性赚钱的指数

中证 100、沪深 300 和中证 500 指数是三个能够确定性赚钱的指数。这是最简单的道理，我开篇就说，千万不要赔钱，一定要从赚钱开始，指数基金不能保证你赚很多，但只要长期持有，自己不作，稳定收获收益还是没问题的。它们的起始点位都是 1000 点，中证 100 现在的点位是 4073 点，沪深 300 现在的点位是 3814 点，中证 500 现在的点位是 4940 点，这就是最好的论据。

2. 不同阶段配置权重不同

具体的操作策略是，熊市配置中证 100 指数，熊市末期和牛市配置中证 500 指数，沪深 300 指数全程搭配。

为什么呢？看沪深 300 在上一轮牛市的涨幅，2014 年 6 月最低点是 2096 点，1 年后最高点是 5380 点，随后 4 年的熊市，沪深 300 也表现不错，除了 2015 年 6 月的那根天线，基本收复失地，2019 年 9 月 30 日收盘在 3814 点，对应 2014 年 6 月的低点，最高区间涨幅为 256.7%，截至 2019 年 9 月 30 日涨幅为 181.9%（见图 7-5）。

中证 100 对应的数值分别是 253.4% 和 214.7%，中证 500 对应的数值分别是 315.8% 和 134.3%，熊市以龙头和垄断为成分股的中证 100 依然稳定增长，而以细分龙头和新兴产业中小企业为成分股的中证 500 始终处在盘整中，而到了牛市，中证 500 的弹性就出来了，涨幅更加领先。

图 7-5　沪深 300 指数走势图

四、场内和场外 ETF，增强指数更有投资价值

宽基投资主要就是两种方式，ETF（包括场外链接）和场外的指数增强，从最近这两年的情况看，增强型里有不少跑赢 ETF 这类纯跟踪指数的基金，稳定性也不错，目前的主动因子效果很好，选择的余地比较大。所以，关于投资宽基，如果是场内自然就是选 ETF，如果是场外就是选相对业绩最好、稳定性最好的增强。

1. 中证 100 场内和场外的选择

跟踪中证 100 的指数基金不算很多，有包括华宝、天弘、国联、国富、海富通、宝盈、诺安等，大概 11 只，其中场内的主要有 3 只。第一只是 2013 年 2 月 7 日发布是大成 100ETF（159923），第二只是 2019 年 7 月 1 日发布的广发中证 100ETF（512910）。但是场内还有一只可以交易的 LOF 品种，这是我们 A 股独有的品种，给了场内交易者不错的选择，这就是第三只海富通中证 100 指数 A（162307），中证 100 在 2019 年只有 28.54% 的涨幅前提下，实现了 47.89% 的涨幅，这是场内的首选。

场外跟踪的增强型指数基金里，几家其实相差不大，包括宝盈、华富、海富通、诺安、中银等这 5 家收益率最靠前的，从 1 周到 3 年期，收益率偏差基本上都在 3 个点以内。考虑规模、基金经理、运营周期等稳定性，最后还是选择成立于 2009 年 10 月 30 日的宝盈中证 100 指数增强 A（213010）和中银中证 100 指数增强（163808），当然排名分先后。

2. 沪深 300 场内和场外的选择

沪深 300 是宽基指数里的当家花魁，跟踪它的指数基金实在是太多了，不仅有易方达、南方、嘉实、华夏、华泰柏瑞等一线大基金公司在跟踪指数，包括银行系的基金公司如农银、国泰、建信等都在跟踪，整个市场主流的 300 指数基金大数应该在 60 只左右。

我们来看看场内，如果是纯 ETF 的话，首选就是最早在 2012 年 4 月 5 日推出的沪深 300 指数基金的华泰柏瑞沪深

300ETF（510300），规模为351亿元，这是目前市场最大的300指数基金，以及同步推出的嘉实沪深300ETF（159919），规模为228亿元。但如果是看收益率的话，还是考虑LOF，但是由于沪深300的稳定性，LOF普遍超额收益不多，综合评估下来，还是兴全沪深300指数（LOF）A（163407）和汇添富沪深300指数（LOF）A（501043）这两只还能略微取得3%~5%的超额收益。

在众多的场外指数基金中，如果单纯地看近半年的收益率，很多小型的、规模在3亿元以下的指数基金大幅跑赢沪深300，从这个角度来说，可以优先配置广发沪深300指数增强C（006021），后面打新的收益会比较高。如果是考虑长期资产配置的稳定性，首推还是富国沪深300指数增强（100038）。

3. 中证500场内和场外的选择

虽然对于中证500的投资价值争议很多，但我认为没什么好争论的，市场资金早已经自己说明了，整个市场跟踪中证500的指数基金也有50多只，而且市场内第一只突破单只500的指数基金，就是南方中证500ETF（510500）。就投资的选择来说是一样的，如果只是跟踪500那么首选的就是510500，考虑收益率还是LOF，最好的是富国中证500增强（LOF）（161017），超额收益率超过12%。从场外配置来说，目前首选还是申万菱信中证500优选增强（003986）。

第二节 投资科技股不是价值投资吗，哪些场内场外基金可以选择

正式讲科技类指数基金前，先跟大家纠正两个偏见。

一、科技股有没有价值

图 7-6 是苹果公司 2000 年以来的月度走势图，大家自己计算下，从–15 美元/股，到最高的 230 美元/股，苹果的股价翻了多少倍？上涨了多少？按照 2018 年财报，苹果公司的营收约为 1.8 万亿元人民币，苹果也是美国最赚钱的公司之一，2018 财年实现净利润为 595.3 亿美元，同比增长 23%，相当于近 4000 亿元人民币。

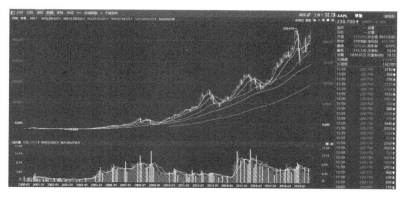

图 7-6 苹果公司 2000 年以来的月度走势图

再看看国内的华为，华为最近一次在国内资本市场引起关注，是 2019 年 9 月 11 日计划发行 60 亿元债券。而 2018 年华为的财报同样优秀，2018 年华为实现营业收入 7212 亿元，约合 1052 亿美元，同比增长 20%，华为年营收首次突破 1000 亿美元，超过阿里和腾讯的营收总和，实现净利润 593 亿元，同比增长 25%。

所以第一个偏见，投资科技股不是价值投资不攻自破，苹果、华为不比任何价值投资的标的少赚，从它们的历史回溯看，几乎任何时候介入都是赚钱的。

二、国内科技公司没有投资价值

还有很多人认为国内 A 股市场的科技公司没有投资价值。关于这个问题，我个人思考下来，无非有两个方面。

（1）国内炒作成风。牛市下，只要跟所谓的科技沾边，只要大股东放个黑科技的大气球，就会引来一顿疯炒，事后一地鸡毛，比如暴风科技、乐视网。

（2）在 A 股上市的很多科技公司更多的只是产业链条上的加工者。说得再直白一点，就是组装生产线，没有核心技术。

第一点是 A 股的通病；第二点是我们现在的现实，整个产业链的升级哪有那么容易，当然这些产业链上的公司自身也再一步一步往核心技术方向努力，并不能说国内就没有优秀的科技公司逐步成长起来。

尽管很多人看不上中兴通讯，但中兴通讯近年来在通信领域不断地发展壮大，可是真真正正凭实力说话，看看股价是不是跟苹果的曲线有一拼，从最低价 0.18 元到 34 元，涨了 190 倍，比茅台又如何呢？除了这类巨头，包括歌尔股份、中科曙光、海康威视等都在慢慢成长，股价的上涨也非常惊人，大家可以自己复盘（见图 7-7）。

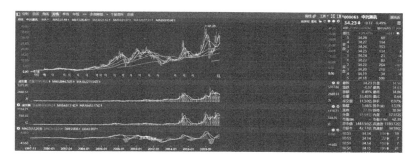

图 7-7　中兴通讯

三、投资科技股的几种理性选择

真正制约投资者对科技股的投资热情，还是因为我们不懂科技，而且科技发展太快了，更新换代在几个月内就可能完成，往往我们刚刚看明白一家企业的产品逻辑，结果整个行业的逻辑被颠覆或者升级，市场竞争激烈，公司的业绩立马变脸，这才是根本原因。

同样的事情就不会发生在医药医疗类投资上，虽然同样很多人也不懂医药医疗，但好歹研究过确定性后，不会再短期内迅速变脸。所以，投资科技股确实要步步惊心，处处小心。选择个股投资的方式，虽然有可能是最暴利的结果，可是并不一定适合绝大多数人，对未知的空间是最大的障碍。

我复盘完后，主要有三种方式可以参与科技股的投资。

（1）选择场内的行业 ETF，我认为目前比较好的选择不是科技 ETF，因为它的范围太广了，并没专注到当下最有爆发力的科技半导体，仅就十大成分股而言，就包括了恒瑞医药、迈瑞医疗、亿纬锂能等医药、电子烟个股。而通信 ETF（515880）和半导体 50ETF（512760）相对就专注得多，调整到位，我会适当配置这两只场内 ETF。

（2）选择主动型管理基金，其中金鹰信息产业股票 C（005885）（换手率太高）、财通集成电路产业股票 C（006503）都算是不错的主动配置基金。

（3）选择场外行业指数基金。天弘中证计算机主题指数 C（001630）、南方中证 500 信息技术联接 C（004347）、融通人工智能指数（LOF）（161631）也算是不错的选择。不过，由于经过一波翻倍上涨，普遍都有些高估，不着急的投资者可以等等回调。

既然是投资应用，我就分别展开，把场内、场外指数，以及场外主动基金分别分析一下。

四、场内科技 ETF 的选择

总体来说，我们还是幸运的。由于竞争的激烈，各大基金公司快速发售了跟踪主要科技类指数的基金，这使得很多不是很懂科技但又想参与科技浪潮的投资者提供了非常多的选择。目前市场上主要有五只科技类的 ETF，分别是科技 ETF、半导体 50ETF、通信 ETF、5GETF、计算机 ETF，我大致说下它们各自的优势和劣势。

1. 科技 ETF（515000）

这是华宝基金发售的一只完全跟踪中证科技龙头指数的行业指数基金。中证科技龙头指数由沪深两市中电子、计算机、通信、生物科技等科技领域中规模大、市占率高、成长能力强、研发投入高的 50 只龙头上市公司股票组成，以反映沪深两市科技领域内龙头上市公司的整体表现，为指数化产品提供新的标的。这也就决定了它的优缺点：设计特别科学。

（1）以稳定性为大前提。主要通过两条筛选：剔除最新市盈率小于 0，或处于待选样本中最高的前 10% 区间的股票。剔除过去三年研发投入复合增长率为负的股票。这样就初步保证了企业持续盈利和成长性。

（2）以成长性为大前提。科技龙头指数很注重成长性，它对营收收入增长采用的是 TTM 法，正常的计算方式一般是采用年报营收，但它是过去 12 个月的营收，这个非常符合科技企业周期性增长的特点。所以它的定义是：通过稳定性维度后，进入备选空间股票的过去一年日均总市值与营业收入（TTM）两个指标分别排名，将两项排名的算数平均作为综合排名，在细分行业内根据综合排名选取排名靠前的股票，共同构成 100 只股票。

（3）特别注重科研投入。科技龙头指数会对对入选的 100 只（实际可能超过 100）股票，按照最近报告期的营业收入增速与净利润增速排名的算数平均排名，与最近年报研发支出总额占营业收入比例排名的算数平均作为综合排名。在细分行业内根据综合排名选取排名靠前的股票，共同构成 50 只最终的成分股。最后再按照市值加权构成指数成分股及占比。

缺点方面，除了指数本身的波动性外，最大一点应该说，它并不是反映当下最热也是国家投资的重点领域：5G 和半导体，能够更加精准反映 5G 通信和半导体行业发展情况的，是通信 ETF 和半导体 50ETF。

2. 通信 ETF（515880）

国泰证券这两年在细分行业 ETF 的布局和推进上可圈可点，可以说是积极进取，它们对标的几个细分行业的 ETF 卡位质量非常高。

中证全指通信设备指数选取中证全指样本股中的通信设备行业上市公司的股票组成，以反映该行业上市公司的整体表现，目前有 57 只成分股。其优势有两点。

（1）更能反映通信行业（5G），这个指数盯得就是通信产业。57 只成分股包括中兴通讯、北斗星空、闻泰科技、亿联网络等，基本上都是通信行业的个股，即便其中的工业富联也算是通信设备的生产企业。它是最纯正的通信行业指数。

（2）虽然采用了市值加权法，但是也规定了单只成分股的占比不超过 10%（50 只成分股以内时，不超过 15%），避免了被单只成分股绑架。

其劣势有以下两点。

（1）指数缺少主动筛选因子。这个指数是中证按照细分行业做的编制，总共由 20 个二级行业，40 个三级行业，3 个四级行业共同组成，所以没有像中证科技龙头指数那样增加筛选稳定性和成长性、科研投入的主动因子，科学性不够。

（2）波动性比较大，这是科技行业的特性。

3. 5GETF（515050）

华夏基金作为业内的老牌一线基金公司，发力也非常猛，2019 年 9 月 17 日发售华夏中证 5G 通信主题 ETF 基金，还没正式上市就已经有 7.48 万用户申购了，规模达到了 41.53 亿元。下面来看看这个指数的特点。

中证 5G 通信主题指数选取产品和业务与 5G 通信技术相关的上市公司作为样本股，包括但不限于电信服务、通信设备、计算机及电子设备和计算机运用等细分行业，以反映相关领域的 A 股上市公司整体表现。它有四大特点。

（1）如果我推算得没错，这只指数基金的数据是华夏基金研发后提报中证公司发布的，所以它不是中证公司原始发布的数据。

（2）它反映了华夏基金通信行业专家的主观判断，所以自带主动因子。比如，它在选择成分股时就界定为：选取产品和业务与 5G 通信技术相关的上市公司股票作为样本股，相关领域包括但不限于电信服务、通信设备、计算机及电子设备和计算机运用等细分行业。这个范围比较宽，其中计算机运用偏后端应用，是否算作 5G，还是有些争议的。

（3）也正是因为它反映的是华夏基金通信行业专家的判断，其成分股占比中采用了权重因子，反映到十大成分股就可以看到，信维通信的权重占比是 9.93%，超过了中兴通讯的 9.4%，前十大占比超过了 60%，比其他通信指数都高，也就注定了波动性更大。

（4）它也有一个好处，就是可以不断地更替新的成分股进来。也就是说，它会跟踪整个 5G 发展的前后端情况，就是不知道能不能及时切换。

4. 计算机 ETF（512720）

这是国泰证券发售的一只跟踪中证计算机主题的 ETF 基金，相对于其他几只基金，这是一只不怎么受关注的 ETF 基金。来看看它的特点。

中证计算机主题指数以中证全指为样本空间，选取涉及信息技术服务、应用软件、系统软件、电脑硬件等业务的上市公司股票作为成分股，以反映计算机类相关上市公司的整体表现，为市场提供多样化的投资标的。它有两大优势。

（1）综合比较平稳，100 只成分股中单只个股权重控制 10%

以内，前十大占比不超过 40%。

（2）从它的成分股来看，跟云计算、自主可控的关联度非常大，这会是未来 1~2 年无论业绩和题材都是非常好的机会。

它的缺点也是波动性比较大。

5. 半导体 50ETF（512760）

这只跟踪 CES 半导体行业的 ETF 基金居然又是国泰证券的，这几个细分指数里面，最好的就是它。来看看它的特点。

中华交易服务半导体行业指数为股票价格指数，旨在追踪中国 A 股市场半导体行业上市公司的股价表现，相关公司经营范围涵盖半导体材料、设备、设计、制造、封装和测试。

（1）我比较奇怪是它为什么叫半导体 50，它跟踪的中华交易服务半导体行业指数的成分股只有 40 只，一定是国泰基金希望它像上证 50 一样，可以涨很多年。真的是这样吗？实际上这只指数基金是要选 50 只成分股的，奈何符合条件的只有 40 只。半导体，任重道远。

（2）这也是新的指数，发布于 2019 年 3 月 18 日，主要还是受制于我国之前半导体企业过少以及质量差，我们最早的一只半导体指数是 800 半导体，只有 7 只成分股，发布于 2012 年 12 月 21 日，比较成型的指数是发布于 2013 年 7 月 15 日的半导体（H30184）有 30 只成分股。

（3）它很纯粹，就是半导体产业链上的上市公司，从材料到设备、设计、制造、封装或测试。

其缺点就是这一波涨得太急了，能像样地修正下就好了。

上面给大家介绍了五只场内交易的科技类指数基金，在接下来的配置中，除了个股外，我会继续配置这些指数 ETF。关于它们的投资价值，从短期来说，半导体 50>通信板块>计算机>5G>科技，从中长期来说，半导体 50>计算机>科技>通信板块>5G。

五、场外指数基金和主动型基金

再说下场外的科技类指数基金，以及目前我了解到的主动型公募基金。

1. 场外指数基金

目前我初步看下来，值得投资的场外科技类指数基金，主要有三只，分别是天弘中证计算机主题 ETF 联接 C（001630）、南方中证 500 信息技术联接 C（004347）、融通人工智能指数（LOF）（161631）和融通人工智能指数（LOF）（161631），我分别介绍下它们的情况（后面有合适的场外指数基金，我还会继续研究和发现）。

（1）天弘中证电子 ETF 联接 C（001618）。它跟场内的国泰计算机 ETF 实际上是一样的，都是跟踪的中证计算机指数，所以指数并没什么好说的，10 亿元的规模，老牌基金经理张子法。

（2）南方中证 500 信息技术联接 C（004347）。南方基金跟踪的中证 500 信息技术指数，发布于 2013 年 11 月 3 日，这个指数也是中证 500 内部分拆的 10 个行业指数之一，编制并无特色，但它有一个很鲜明的特点，就是中证 500 里包括大量优质的中小型信息产业个股，其成分股目前 68 只，包括十倍股沪电股份，还有生益科技、中国软件、水晶光电等，如果能调整下，后面的爆发力依然很强。

（3）融通人工智能指数（LOF）（161631）。融通基金发行这只基金跟踪的是中证人工智能主题指数，选取为人工智能提供基础资源、技术以及应用支持的公司中选取代表性公司作为样本股，反映人工智能主题公司的整体表现。这个指数有 100 只成分股，包括但不限于大数据、云计算、云存储、机器学习、机器视觉、人脸识别、语音语义识别、智能芯片等，所以虽然大方向是人工智能，但是这样既有硬件又有软件，往往比较稳定，也是非常不错的。

目前我看下来，场外的基金就这三只最靠谱，其他没细看。

2. 主动管理型基金，也就是公募

应该说，这些年公募也好私募也罢，都有很多不错的、能力特别强的基金经理做得特别好。但是现在公募基金的限制以及管控都有不足。

（1）限制比较多。比如，仓位控制，也许遇到了大的风险，它们也不能卖。

（2）有的还有封闭期，不能卖。

（3）在管控方面，由于基金经理需要从募资中提取管理费，频繁交易都是常见的现象，所以导致看着收益率挺高，实际手续费也没少交。大致看过，金鹰信息产业股票C（005885）的换手率太高，财通集成电路产业股票C（006503）都算是不错的主动配置基金。

第三节　医药指数有多牛

一、长牛的医药行业，牛到让人震惊

我在复盘医药行业指数的过程中，再次被医药行业的长牛所震惊。在中证官网能够查询到的43只医药指数基金里，完成10倍以上涨幅的就达到了16只（见图7-8）！看看行业到底有多重要，行业、行业，还是行业！

为您找到相关结果43个

指数代码	指数名称	成分股数量	最新收盘	1个月收益率(%)	资产类别	热点	地区覆盖	币种	是否定制	指数类别	发布时间
000037	上证医药	38	0626.18	1.31	股票		境内	人民币	否	行业	2009-01-09
000075	医药等权	38	8016.81	1.48	股票		境内	人民币	否	策略	2010-08-18
000109	380医药	36	10966.40	1.75	股票		境内	人民币	否	行业	2011-06-13
000121	医药主题	50	9031.95	1.13	股票		境内	人民币	否	主题	2011-10-18
000808	医药生物	100	10277.52	1.51	股票		境内	人民币	是	其他	2012-02-17
000814	细分医药	50	10044.44	1.11	股票		境内	人民币	否	主题	2012-04-11
000841	800医药	70	10045.42	1.14	股票		境内	人民币	否	行业	2012-12-21
000913	300医药	29	11140.18	1.67	股票		境内	人民币	否	行业	2007-07-02
000933	中证医药	78	10172.12	1.55	股票		境内	人民币	否	行业	2009-07-03
000978	医药100	100	12801.00	1.21	股票		境内	人民币	否	主题	2011-03-18
000991	全指医药	244	10071.94	1.35	股票		境内	人民币	否	行业	2011-08-02
399989	中证医疗	54	9374.84	2.12	股票		境内	人民币	否	主题	2014-10-31
930615	中小医药	149	10514.70	0.93	股票		境内	人民币	否	主题	2015-04-06
930719	CS精准医	26	3102.28	1.81	股票		境内	人民币	否	主题	2015-08-05
930720	CS互医疗	19	3831.63	2.26	股票		境内	人民币	否	主题	2015-08-05
930726	CS生医	48	3128.70	1.05	股票		境内	人民币	否	主题	2015-08-05
930791	CS医药TI	200	10690.54	1.38	股票		境内	人民币	否	主题	2016-03-22

图7-8　医药指数基金

包括 800 医药、300 医药、医药 100、医药 50 等行业和主题指数，也包括医药红利、医疗保健、医疗设备等更加细分的行业和主题指数。单纯看指数点位，涨幅低于 5 倍的只有 10 只指数基金。

二、最适合投资的医药指数基金

刚才说了 43 只医药指数基金里，超过 10 倍涨幅的有 16 只，我逐一把它们过了一遍，最后能够说服我具有长期投资的价值指数有 9 只，分别是中证医药全指指数（930791）、中证医药卫生指数（000933）、中证医药 100 指数（000978）、300 医药指数（000913）、细分医药（000814）、医药生物（000808）、医药红利（H300095）、中证全指医疗保健设备与服务指数（H30178）、医药 50（931140）。

显然，要投资医药行业的话肯定不能这 9 只都选，还是要有重点的，所以，我从这 9 只指数基金做了排除法，从指数的编制方案来看，关注以下几点。

（1）先排除有一定重叠性的指数。比如，中证医药全指是按照一定规则选取的市场前 200 只医药个股，那么中证医药卫生指数和 300 医药指数就可以被淘汰了，因为它们是分别从中证 800 和沪深 300 指数里选择医药成分股，重叠度太高。医药生物的情况也差不多，虽然采用申万行业指数，但同样选取前 100 跟医药 100 有重叠，可以去掉。

（2）细分徒有其名，没有其实。比如，细分医药是按照一定条件选取的前 50 只为成分股，跟医药 50、医药 100 指数重叠太高，也没看出来细。

（3）没有跟踪的指数基金。在就是太过细分，市场也没有跟踪的指数基金，例如中证全指医疗保健设备与服务指数倒是很漂亮，但是无跟踪指数基金。还有医药红利（按照分红率，选取前 30 只），指数为 12686 点，其实很不错，只是没有跟踪的指数基金。

（4）筛除掉医药 50 指数，稍微说一句，它的设计也非常科学，采用了 TTM 业绩、剔除亏损、派许加权等，跟科技龙头一样计算科学，但医药行业指数里有一个医药 100，而医药 100 采用了等额权重法。也就是每一只入选的个股不考虑市值，都只占 2% 的权重，这个就更接近我们追求指数基金真实性的目标了。

这样就剩下了中证医药和医药 100 了，一个是 200 只成分股，一个是 100 只成分股，相差不多，最后选谁呢？这两个指数的编制方案特别简单，中证医药是中证系列一级子行业，属于统一方案。而医药 100 也很简单，就是从沪深 A 股中选取日均总市值较高的 100 只医药主题上市公司的股票组成样本股，唯一的加权项是去掉成交量排名后 20% 的个股。但是就像我上面说的，医药 100 有一个最大的优势就是通过加权计算后，每只个股的成分都在 0~2%。

所以如果要选的话，追求纯行业状况，选医药 100，如果是追求市场实际情况的，那就是选中证医药了。

三、具体的跟踪标的

1. 医药 100 指数

我查了下，目前市场上跟踪医药 100 的指数基金只有天弘中证医药 100 和国联安中证医药 100 两只从各个时间维度来看，包括 3 年、2 年、1 年甚至 6 个月等周期看，天弘中证医药 100A（001550）都要超出国联安，对标医药 100 指数，也要超出 7%（1 年期）。即便考虑股息，也要超出 5%。它的跟踪误差很小，规模为 4.8 亿元。但有一个问题，从 2019 年 10 月 29 日后，老将张子法不再当基金经理，未来怎样，还是个疑问。

2. 中证医药指数

跟踪中证医药的就比较多了，有富国中证医药主题指数增强、汇添富中证医药卫生 ETF、银华中证全指医药卫生、鹏华中证医药卫生 LOF，总共四只。

（1）纯场内的首选还是汇添富中证医药卫生 ETF，超额收益都不多的情况下，稳定性就很重要。

（2）重点说说场外，场外的富国和银华，两者规模都在 1.8 亿元左右，基金经理都比较年轻，机构持仓都小（富国的全是散户持仓），主要区别是银华的策略更加激进和主动，前十大持仓长期保持在 60% 以上，而富国基本在 40% 以下。而从业绩上来说，反而是富国中证医药主题指数增强表现得更好。

（3）其他的场外指数基金。但是场外并不是只有医药100和中证医药的跟踪基金，还有中证医疗、生物医药、生物科技、精准医疗、互联网医疗等指数增强基金。剔除我不愿意参与的分级基金，从所属的基金公司来看，基本上都是汇添富的，其他的如易方达、天弘、广发都是从指数基金联接的角度切入，基本没有主动型；对比下来，还有两只不错，分别是汇添富中证生物科技指数A、汇添富中证精准医疗指数A，这两只基金的问题在于都没有超额收益，有时候还略低于对标指数，但是他们对标的指数成分股很少，所以有些偏差倒很正常。总体来说这两只都不错。

四、还有哪些主动型医药基金

也许是医药这个行业太过专业了，以医药指数业绩最为优秀的富国中证医药主题指数增强有60.36%的涨幅看，全市场收益率在它之上的股票型、混合型主动基金居然达到了59只，实在是厉害。考虑混合型并不是医疗医药为主，所以即便易方达中小盘混合也都一并剔除，那么还有16只主动型管理医药基金超过了富国中证医药。

我又进一步筛选16只主动管理型医药基金，发现几乎所有的主动策略了都包含白酒、科技、证券，这样就失去了我构建"悄悄盈"组合的意义，如果想配置白酒，我直接配置汇添富的白酒就可以。

　　好在被我找到了一只，创金合信医疗保健股票 A（003230），这只主动型管理基金还是很有意思的，有四个特点。

　　（1）规模很小，只有 800 万元，内部持股 11%，应该是基金经理皮劲松配置的仓位。

　　（2）现任基金经理皮劲松在 2018 年 10 月接手这只基金，在这之前 1 年半，上任基金经理李晗空仓了，但是给皮劲松留了个雷，那就是 ST 信威（2018 年 3 季度有 70 万元市值，应该是做了计提，到了 2019 年 7 月 ST 信威开盘还有 20 万元市值。也就是说，这么一只 2018 年 3 季度有 400 万元，2019 年 3 季度有 800 万的基金，影响的收益率在 2.5%～17.5%），不然皮劲松的业绩会更好。

　　（3）我还是很佩服皮劲松的，看了下他的简历，只配置医药不配置其他品种，也是有原因的。他是中国药科大学硕士，2009 年 9 月至 2012 年 4 月先后任职于中药固体制剂国家工程中心、上海药明康德新药开发有限公司从事技术开发工作，2012 年以后才加入券商的。

　　（4）换手率高，今年上半年的换手率达到了 627%。

　　综合来看，这只基金潜力很大，而且能够专注于医药，但基金经理还需要很长时间来证明自己。

第四节　基业长牛的消费行业有多牛

　　回顾 A 股的投资历史，如果说有一个行业是长牛大牛，长盛不衰的，那么肯定是消费行业，这个行业涌现了太多大牛股，整个行业也保持相对沪深 300 指数的大幅超额收益。

一、 A 股市场历史上最牛的板块

到底消费行业有多牛呢？我们还是做下对比更清楚一些，下面我就用沪深 300 指数对比中证消费指数的走势，看看超额收益情况。

图 7-9 中我只是截取了从 2009—2021 年底附近沪深 300 指数和中证消费指数的历史走势对比，框中那条线就是沪深 300 指数。我们可以看到，相同的起点，两者的差距有多大。如果从 2004 年 12 月 31 日指数的起始时间和点位计算的话，同期沪深 300 指数在 4885 点，而中证消费则收在了 24535 点。也就是说，近 17 年来，沪深 300 指数上涨了 4.88 倍，而中证消费指数上涨了 24.53 倍，超额收益率接近 20 倍。

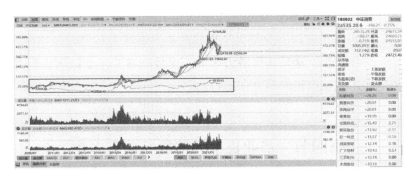

图 7-9 沪深 300 指数和中证消费指数的历史走势对比

二、消费类指数的分类

消费类指数也有很多种，根据官网信息和个人的理解，我整理了五只主要的消费类指数。

（1）中证消费指数（000932），全称中证主要消费指数，该指数从中证 800 指数里选择主要消费品，是目前市场认可度最高，也是最有代表性的一只消费指数基金。

（2）消费龙头（931068），全称中证消费龙头指数，它从沪深两市的可选消费与主要消费行业中选取规模大、经营质量好的 50 只上市公司股票作为指数样本，跟中证消费指数比，增加了汽车、传媒等可选消费品。

（3）消费红利（H300094），全称中证主要消费红利指数，基本可以理解为在中证消费指数的基础上，选了 30 家股息率最高的上市公司股票组成的指数。

（4）细分食品（000815），全称中证细分食品饮料产业主题指数，主要是食品、白酒、饮料类的上市公司股票构成。

（5）中证白酒（399997），全称中证白酒指数，这只指数基金是一个比较另类的存在，它的成分股只有 16 只，由于行情发展，单只最大占比经常会突破 15% 占比的上限，按照目前指数编制的方案，成分股低于 30 只的已经基本不会允许发售指数基金的。

三、有代表性的消费类指数基金

具体跟踪各个消费指数的标的还是非常多的，介绍几只常见和规模比较大的场内 ETF 和场外指数基金。

（1）消费 ETF（159928），总规模为 108 亿元，由汇添富基金公司发售，跟踪中证消费的指数基金，是目前市场上最大的消费主题基金了。场外有对应的 ETF 联接基金（000248）。

（2）食品饮料 ETF（515170），总规模为 36 亿元，由华夏基金公司发售，跟踪中证细分食品饮料产业主题指数，场内外对应的 ETF 联接基金（013125）。

（3）招商中证白酒 LOF（161725），总规模为 900 多亿元（合并计算 A、C 两类份额），比中证消费指数基金的规模要大很多，由于国家不再批复这类指数基金，这个细分 LOF 更是独此一份了。LOF 既可以场内购买又可以场外购买。

（4）消费红利，没有合适的场内 ETF，场外有一只泰达消费红利指数（008928），这只指数基金目前关注的人不多，购买的人也不多，总规模约 3 亿元。

四、一些优秀的主动型基金

在实际的投资中，也有一些非常优秀的消费类主动型基金，在过往的历史中表现不错。

（1）富国消费主题混合 A（519915），这只基金近 3 年涨幅为 209%，近 2 年涨幅为 91.83%，近 1 年涨幅为 14.19%（见图 7-10）。从各个维度看，表现都非常优秀，基金经理是王园园，从业 4 年有余。

	近1周	近1月	近3月	近6月	今年来	近1年	近2年	近3年
阶段涨幅	0.26%	3.30%	7.09%	-2.43%	4.17%	14.19%	91.83%	209.18%
同类平均	-0.04%	1.26%	-0.28%	7.31%	7.05%	15.34%	76.43%	124.41%
沪深300	1.34%	-0.94%	1.00%	-5.77%	-6.25%	-0.18%	26.02%	49.98%
同类排名	1072 | 2314	548 | 2320	129 | 2230	1391 | 1973	795 | 1577	651 | 1451	312 | 898	80 | 679
四分位排名	良好	优秀	优秀	一般	一般	良好	良好	优秀

图 7-10　富国消费主题混合 A

（2）易方达瑞恒灵活配置混合（001832），这只基金近 3 年的涨幅为 212.16%，近 2 年的涨幅为 86.33%，近 1 年的涨幅为 4.87%（见图 7-11）。综合来看表现也是比较不错的，基金经理是萧楠，任职 9 年有余，也是业内比较认可的消费类基金经理。

	近1周	近1月	近3月	近6月	今年来	近1年	近2年	近3年
阶段涨幅	1.26%	-1.71%	-2.19%	-6.40%	-5.15%	4.87%	86.33%	212.16%
同类平均	-0.04%	1.07%	0.62%	8.02%	8.76%	14.68%	58.88%	94.23%
沪深300	1.34%	-0.94%	1.00%	-5.77%	-6.25%	-0.18%	26.02%	49.98%
同类排名	387 | 2058	1833 | 2052	1616 | 2031	1830 | 1993	1750 | 1948	1512 | 1937	464 | 1810	130 | 1700
四分位排名	优秀	不佳	不佳	不佳	不佳	不佳	良好	优秀

图 7-11　易方达瑞恒灵活配置混合

（3）交银品质升级混合 A（005004），这只基金近 3 年的涨幅为 166.57%，近 2 年的涨幅为 113.39%，近 1 年的涨幅为

11.69%（见图 7-12）。基金经理是韩威俊，任职 6 年有余，也是一位长期专注消费行业研究投资的基金经理。

	近1周	近1月	近3月	近6月	今年来	近1年	近2年	近3年
阶段涨幅	1.66%	-0.01%	-0.38%	-8.10%	1.57%	11.69%	113.39%	166.57%
同类平均	-0.04%	1.26%	-0.28%	7.31%	7.05%	15.34%	76.43%	124.41%
沪深300	1.34%	-0.94%	1.00%	-5.77%	-6.25%	-0.18%	26.02%	49.98%
同类排名	569 | 2314	1456 | 2320	1064 | 2230	1704 | 1973	918 | 1577	758 | 1451	168 | 898	197 | 679
四分位排名	优秀	一般	良好	不佳	一般	一般	优秀	良好

图 7-12　交银品质升级混合 A

第五节　指数基金的费率不是主要问题

这两年，指数基金的费率降低了很多，对于专注指数基金的很多投资者来说，这是绝对的大好事。不过，我认为指数基金费率不是我们投资的主要问题，主要问题还是风险收益比，也就是收益率，这才是主要问题。

一、费率总体是低的，竞争激烈还会更低

我以跟踪沪深 300 的指数基金为例做过说明，分别选取了易方达沪深 300ETF、银河沪深 300 价值指数和富国沪深 300 增强，这三只不同的指数基金的费用，在考虑申购费、管理费、托管费、赎回费等在内的费用（持有 1 年）后，大致分别是 0.82%、1.27% 和 1.8%，这样的费用大家觉得是高还是低？我认为即便

还有下跌空间（当然我希望能继续大幅降低费用），空间上总还是有限的。造成这一现状的主要原因还是行业竞争比较激烈，目前国内全市场 109 家公募基金，理论上人人都可以发售指数基金，竞争太惨烈了。

另外，也不要羡慕美国所谓的零佣金。美国所谓的 0 佣金的指数基金并不真的零佣金，一方面需要签约客户才可以，另一方面你实际的成交价是高于标价的，多出了的成本一点也不比收佣金的券商少。

还有一点，我们国内的指数基金打新的收益是归于投资者的，对于基金规模在两三亿元的指数基金，预计年化收益在 4%~5%。美国的这部分收益是归指数基金公司的。所以，现在能便宜点当然好，但未来竞争结束涨起来，也不奇怪。

二、真正核心问题是风险收益比

我们投资指数基金关注的真正问题应该是风险收益比。也就是说，我们投入的成本和承担的风险，有多少概率可以换来更好的收益。如果我在对比易方达沪深 300ETF、银河沪深 300 价值指数和富国沪深 300 增强，这三只不同的指数基金的费用分别是 0.82%、1.27% 和 1.8%，而 2019 年至今的收益率分别为 28.93%、21.56%和 32.27%，你们还觉得低费率是最主要的问题吗？

任何时候收益率都是第一位的，怕付出成本就不要做风险投资，最终我们寻求的是风险收益比。也就是说，多付出的成本，能不能大概率换来更好的收益，这是概率问题。计较百分之几的费用率，不如去挑选大概率能增加 5% 以上收益率的标的。

三、投资指数基金不要有做股票的心态，总想超额收益

是不是做指数基金就完全去追求超额收益呢？我的答案显然也不是，如果以做个股投资的心态来做指数基金投资，最后的结果一样脱离不了二八现象，也就是说，大部分人最终还是要赔钱的。为什么呢？因为贪念，因为人性，看不上宽基的 10% 的稳定复利，去过度追寻 30% 甚至更高的年化超额收益，多半都会被迷了心窍，赔了钱财。所以，我主张在指数基金投资方面，多配置宽基，适当配置行业指数，把宽基的仓位放大到七成，把医疗、科技、证券类的行业基金控制在三成以内，这样的风险收益比是有非常大的概率达到 10% 的复利要求的。

第六节　选行业轮动还是选择宽基躺平

我的观点一向比较明确，如果在基金投资中非要定义"行业轮动和宽基躺平"谁更合适的话，我会选择行业轮动，但实践中从来不是非此即彼、非黑即白的，最后我再讲讲我会怎么投资基金。在这之前，说下为什么行业轮动更胜一筹。

一、优秀的行业是宽基的灵魂

如图 7-13 所示，左边是上证 50 指数的主要行业构成比例，右边是沪深 300 指数主要行业构成比例。

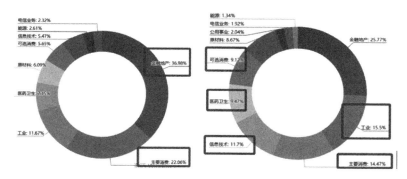

图 7-13　上证 50 指数和沪深 300 指数主要行业构成

从图 7-13 中可以看到，这两个指数里第一大成分股是金融地产，分别占比 36% 和 25%，再去看房地产指数和银行、非银的走势，可以判断出它们对上证 50 和沪深 300 指数的走势贡献了负能量。再看第二大成分行业，主要消费和可选消费，在上证 50 指数中主要消费和可选消费合计占比为 27%，在沪深 300 指数中合计占比为 23%，再去看主要消费指数的走势（见图 7-14），可以确信为两个指数贡献了主要的正能量。那么，可以非常清楚识别到，消费行业是目前上证 50 和沪深 300 指数的灵魂之一，选它比选宽基好。

这样层层筛选下去，可以看到医疗和信息技术的投资价值。

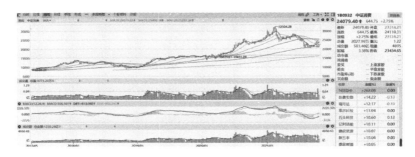

图 7-14　中证消费指数走势图

二、优秀的行业历史业绩更优秀

理解了上面的逻辑，再来解决未来的问题，解决未来的问题就要以历史为镜子。比如，中证消费指数和中证医疗指数，从 2004 年 12 月 31 日指数发布以来，分别上涨了 24 倍和 15 倍，而同期沪深 300 指数大约上涨了 5 倍，就可以大致推断出来，未来这两个细分指数还是会比宽基指数涨得更多、更优秀的。

当然，我要告诉大家，未来 3 年最好的行业应该是科技行业，科创 ETF（58800）、新能源 ETF（516850）、国防 ETF（512670）等方向会更好。

三、以科技、消费和医疗为核心

我仍然会以科技、消费和医疗为核心的方向，尤其是科技，包括科创、芯片、军工、新能源，最终它们会占据我 40%～50%

的仓位。因为从我的研究和分析看，当下中国已经进入了向科技要生产力的阶段，大力发展科技已经成了核心诉求，未来 3～5 年中国将在科技方面逐步取得很大突破。再就是消费和医疗（包括港股），它们的历史足够优秀，未来的市场还是足够广阔的，面对宽基仍然会有超额收益。

四、定投中的高低切换

关于行业切换，我主要通过两种方式实现。

（1）方式就是定投的高低切换节奏。由于新能源全线大涨，基建也大涨，那么在定投的时候后，我就把这两个方向的定投份额由平时的 10% 降低到了 5%，给到了大跌的医疗和消费还有港股，各自 15% 的份额，这种定投中的高低切换，日积月累，效果其实很好。

（2）面对绝对高估或者系统性风险的时候，也会毫不犹豫地卖掉。

五、混沌期利用宽基等稳定持仓

宽基还是有很大的配置价值的，那么是什么时候呢？我自己的实践经验是在混沌期，还有就是总体上还是要配置一点，比如我现在定投的鹏扬沪深 300 质量（011132），我就计划长期定投配置，主要目的是两个。

（1）混沌期是在积累筹码，以待市场主线出现后，切换过去。

（2）需要长期配置一部分宽基。宽基对于稳定持仓收益，避免大幅上下波动是非常有意义的，大幅波动的持仓体验非常差，会导致投资操作的失误。

本章读后笔记

- 投资基金最重要的是风险收益比。
- 科技行业是可以投资的。
- 医疗和消费是历史长牛。
- 宽基最为稳定。

读 后 作 业

费率是投资基金最重要的问题吗？科技行业可不可以投资呢？你会选择宽基还是行业基金？

一起思考适合自己的投资方式吧。

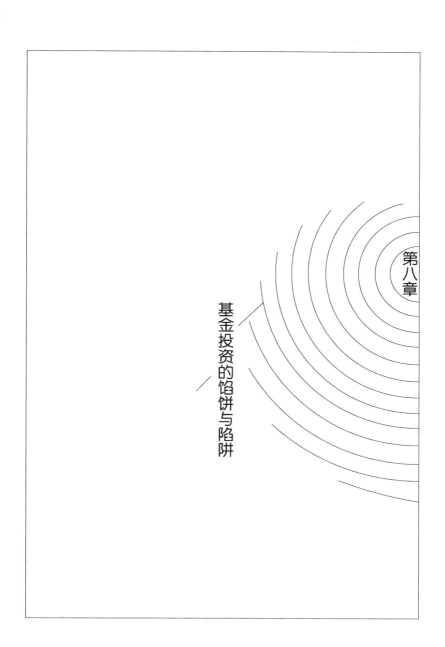

第八章

基金投资的馅饼与陷阱

第一节　一言窥探周期之秘

很多时候大家并不太理解周期的秘密，万物皆周期，低估永不败，周期到底是什么？我举个简单的例子。

我去超市买排骨，忘了多少钱了，但我有一件事记下来了。当时我买的排骨旁边还有一块排骨，颜色明显发深，一看就不新鲜，我随口问了一句：这块怎么回事？颜色不对。卖肉的大妈说：这是以前存的，不新鲜了，特价处理。闲聊中，她说即便是肉最贵的时候，老板其实也有存肉，舍不得都卖了，一点点卖，总觉得还有好价格。后来肉便宜了，也就敞开了卖了，到现在也没卖完，不新鲜了，即便价格便宜了，大家也不爱买。

我们看到了什么？小商小贩的生意经吗？不是，我恰恰看到了一个周期的真正含义：当上升周期来临的时候，上升到什么程度不是单纯的需求增加多少，还要考虑情绪的影响；当下降周期来临的时候，不是说到了成本价就一定能止住。这就是涨时助涨，跌时更跌，直到平衡被彻底打破扭转。

这对于我们投资很重要，比如我们去看CXO，处在高景气周期的时候，100倍的估值还在继续往上走，从价值的角度来说，就是没有道理继续往上走，但如果考虑投资者情绪，大家从现有的信息分析认为未来几年还会继续高速增长，那么大家就惜售，就形成了一定程度的抱团。而打破这一抱团的只能是增速下滑。这里需要提醒下，一旦增速开始下降，不能维持加速状态的时候，我们一定要及时退出，不要等到增速大幅下滑再退出，那个时候就晚了，因为拐点发生的那一刻，很多人还会有惯性思维，反应不过来，就像那个卖肉的老板一样，怎么说呢？我再举个反转的例子。

这个反转的例子不说房地产了，说说已经开始反转的有色金属，有色金属可是大部分人瞧不上的周期股，包括价投、成长等各种风格的投资者都瞧不上。从指数走势上，有色金属从 2007 年见顶以来，走了整整 10 年的熊市，但是从 2018 年开始反转年这三年分别上涨 22%、36% 和欠望（见图 8-1）。

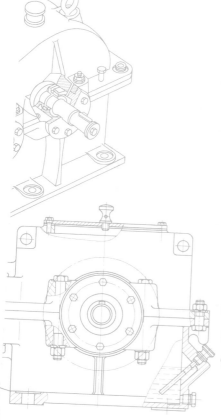

色金属指数走势图

业绩吗？是，也不是。从图 8-2 中可业的净利润拐点发生在 2016 年，在的亏损后，2016 年有色金属全行业行业利润为 126 亿元，增速为 217%，98%，达到 378 亿元的十多年历史新

181

高，要知道 2020 年全行业利润也只有 313 亿元，也没有突破这个高点。但是股价呢？不好意思，属于有色金属行业的牛市是从 2019 年 5 月才开始的，比利润的拐点晚了 3 年多（见图 8-3）。

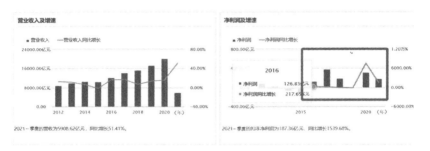

图 8-2　有色金属行业营收和净利润增速

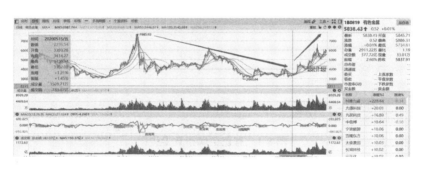

图 8-3　有色金属指数走势图

刚举了生活中买排骨的例子，以及 CXO 和有色金属两个行业持续上涨和拐点的例子。关于周期的秘密，除了我们都知道的营收和利润拐点外，一定要重视人的情绪。在我看来，数据都不是秘密，只要认真研究和跟踪，研究员们肯定都能发现，但完全

依靠研究结论的数据的研究员却做不了好的基金经理，就是因为人的情绪在周期中起到了非常大的作用。涨时助涨，跌时助跌，我们判断拐点的时候，一定要适当延迟，让子弹飞一会儿。

第二节 投资是一场选择

一天早上，外面下起了雨，雨势不大，比江南雾蒙蒙的梅雨稍微大一点，我要送小龙女去上学，家距离学校约 1000 米，这样我有三个选择：第一开车，第二骑电动自行车，第三步行。

选择开车有个问题，距离很近，而且学校门口学生很多，不安全也很难停车；选择步行呢，路上都是雨水，又脏又湿；最后我选了骑电动车。在骑电动车的时候，我没有雨衣，我可以选择单手打雨伞，也可以选择冒雨骑行，考虑女儿和我的安全，我选择了去程冒雨骑行，回程单手打雨伞。

这三个选择各有各的好处，也各有各的问题，不管我选择哪一种方式，都要承担随后的不便利或者可能潜在的风险。开车最舒服，但路上不安全，小学生的安全意识差，特别是下雨天，撞到了小孩子怎么办？步行肯定会甩一身泥，而骑电动车被雨淋也是必然，还要面临单手操纵电动车的安全风险。

这些都应该是做选择之前要思考的，一旦选择之后，就不能抱怨选择之后遇到的问题，而是想办法解决。比如，你选择步行，那么路上你就要多观察，要避免被路过的车溅一身脏水，也要避免被汽车、电动车碰撞的风险，还要尽可能选择平坦无水的路面，那个时候再去抱怨车辆无素质、别人不让行、满地都是水，毫无意义，这都是你自己的选择以及必然面对的问题。抱怨不能解决问题，只会制造恶劣的情绪。

这个道理其实跟投资是一样的，我们基本上有三个选择：第一投个股，第二投场内基金ETF，第三投场外基金。在做出选择之前，你要清楚，选择个股投资可能是投资效率最高的，但风险也是最大的，至于是短线还是长线，还是下一个层面的事情。如果你选择了场内ETF，就要清楚它交易便利性的背后，很容易出现冲动交易，虽然没有个股投资的风险大，但行业ETF同样有很大的波动。如果选择了场外基金，那么就要清楚这是一个以当日净值成交的，并且波段操作成本特别高，适合长期投资，也要清楚，在这个过程中出现波折是不可避免的。

当你想清楚了以上三种投资方式后，不管你选择了哪一种，对于其后面对的机会和风险，就不能抱怨，而是积极地想办法解决。以场外基金定投来说，选择之后，你要知道以下几个问题：

（1）是一把全仓还是定投更适合？

（2）是指数基金适合还是主动型基金更适合？

（3）是选择宽基还是选择行业细分基金？

（4）是自己投资适合还是选择跟投"悄悄盈"这类组合适合？

（5）面对必然出现的震荡，是继续坚持定投还是止盈止损？

当然，鉴于每个个体的情况并不相同，实际投资中面对的问题，远比这些要复杂也要更多。当这些问题发生的时候，你不能抱怨场外基金定投可能出现的反应慢，由于定投而出现的收益率不高（看的是净收益额的累积），以及其中的短期上下波动。

第三节 怎么解决 ETF 择时的问题

本节是关于 ETF 择时的一些干货，仅供参考。

一、择时好不好

答案毫无悬念，择时肯定是好！但是大部分人都不知道如何选择时，反而是越择时越把自己搞得被动，该赚的也成了亏，该做好的也做不好了，反而不如不择时。是的，确实是这样，如果是盲目择时，反而适得其反，那么怎么做才能大概率提高胜率呢？我介绍三种我常用的方法。

不过要说明一点，一些根本没有任何投资经验的新基民和新股民，一顿操作猛如虎地择时，不是择时，是为自己的不懂乱来埋单，奉劝这些朋友先去买本基金投资的书看看，不学习还想赚钱，这有违常识。

二、大周期择时

经济是有周期的，股市作为经济的晴雨表也是有自己的周期的，不管是 A 股还是美股都有着自己的牛熊周期，即便是标普500 指数，在 2000 年互联网泡沫破灭后，也整整盘整了 9 年多，才重新开始了上涨，现在已经连续上涨 12 年了（图 8-4）。

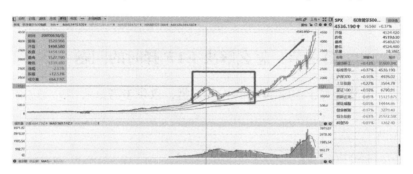

图 8-4　标普 500 指数走势图

沪深 300 指数就更加明显了，我们可以清晰地看到 2007 年10 月和 2015 年 7 月那个高点，直到 2021 年的 2 月才涨到了 5930点，创了新高（见图 8-5）。

图 8-5　沪深 300 指数走势图

这样的规律不难总结，那么我们需要做的就是在总体仓位上布置，可以逆周期而动，在市场长期下跌盘整后，大笔加仓，勇敢一些。而在市场进入了高估区域后，开始逐步谨慎，减少投入。未来如果继续大涨，我会逐步减少投入甚至锁定部分利润。当然，如果现在这个位置能跌一跌，我还是会逐步定投一些。

三、定投中的择时

在"悄悄盈"的定投中，我也有择时的操作，分为两种。

（1）在平时的定投中注意择时，正常定投我都会在科创、军工、芯片、消费、医疗、港股、券商等几个主要方向进行，如果周一固定的定投日里哪个跌多了，可能就多投一下，比如消费和医疗、港股跌的比较多，给它们的定投份额就从 10% 提升到 15%。

（2）绝对高估时的停止定投甚至清仓，或者是逻辑错误及时纠错。目前为止，市场还没有到绝对高估的地步，所以还没有到系统性清仓那一步，但在实际的投资中，"悄悄盈"做过新能源车、有色金属、军工、基建的止盈，也做了化工的认错出局。总体来说，只要坚持底部介入，过分高估时卖出，大概率都是对多错少。

四、分仓择时

对于偏场内 ETF 投资的朋友，比较理想的方式是分仓择时，其中的七成仓位作为中长期投资，不遇到重大风险或者绝对的高估值时，雷打不动，在看好的方向保持持仓的定力，然后拿出三成在投资行业 ETF 或者其他的 ETF 出现阶段性高估或者市场阶段性高估值，以及需要避险的时候，适当做些择时波段。这样做的好处是，一方面可以确保中长期的投资不会出现漂移，另一方面，可以用三成机动仓位对冲各种不确定性，使得账户净值曲线更加平滑，增加投资的定力以及敏感度。多说一句，曲线的平滑比大涨大跌的曲线能让人的心态平和，也就不会乱来。

当然，对于并没有什么投资经验的新基民和新股民，踏踏实实地做好基金定投就好了，不要轻易尝试择时。对于没有足够精力和经验的投资者，也可以放弃短期择时，做好大周期的择时，也就是长期的底部敢买入，真到了绝对高估的时候舍得放手也就可以了。

第四节　长期持有基金更赚钱

为什么长线投资更加受到普通投资者的欢迎，这个问题其实不难回答，因为绝大部分投资者都是业余投资者，即便短线投资可能效率更高（也要分人），大家也不可能去选择，因为选择了也没有时间和精力去驾驭。在短线和长线投资中做选择，自然会选择长线投资作为主要的投资方式，这个我们不多讨论，重点说下，长期持有基金的收益、难点、解决办法等情况。

一、长期持有优秀基金的收益

我们以沪深 300 指数为基准，看看 2011 年 1 月 1 日至今，10 年的时间，优秀的基金是一个什么情况。沪深 300 指数在 2010 年 12 月 30 日的收盘点位是 2345，截至 2021 年 2 月 2 日的收盘点位是 5501 点，涨幅大致是 134.6%，再考虑每年约 3% 的股息收益，大致的涨幅为 164.6%。

我们再看下曾经在"悄悄盈"基金组合里有持仓的华安沪深 300 增强 A（000312），同时期的涨幅为 224.84%，超额收益率分别为 90.24% 和 60.24%。

再以中证消费指数为例，中证消费在 2010 年 12 月 30 日收盘点位是 6832 点，截至 2021 年 2 月 2 日收盘点位是 28882 点，涨幅为 422.7，超额涨幅分别为 288.15% 和 258.15%。中证医疗在 2010 年 12 月 30 日收盘点位是 4474 点，截至 2021 年 2 月 2 日收盘点位是 18379 点，涨幅为 410.8%，超额涨幅分别为 276.2% 和 246.2%（见图 8-6）。

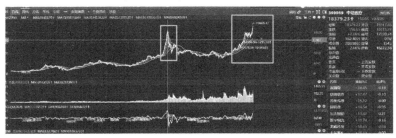

图 8-6　中证医疗走势图

从典型的行业和指数基金复盘看，持有优秀基金获取超额收益的概率是非常大的。当然，在复盘的过程中，我也发现真正长期跑赢沪深 300 指数的基金总比例并不是太高，除了历史基数、基金经理任职年限、行业风格之外，能否在历史高位止盈，也很大程度上决定了收益率。实际上，中证医疗指数也不过刚刚突破 2015 年的历史高点没有多少。

二、难点是能不能长期持有

从上面的历史业绩看，长期跑赢沪深 300 指数的优秀基金业绩是可以长期保持的，那么基民做到了长期持有了吗？很可惜，答案是否定的。我没有找到比较权威的数据，但从公开数据可以看到，有几组数据证明，大部分基民做不到长期持有。

（1）2007 年牛市，基民持有基金的周期是 7 个月。

（2）中国基金业协会的数据显示，72%的基民获利，约 48%的人持有不足 1 年，持有 5 年以上的只有 8%（见图 8-7）。

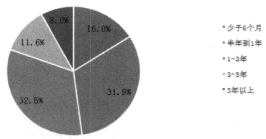

图 8-7　基金个人投资者持有单只基金的平均时间

（3）天天基金网的数据显示，2020年基金投资者的平均收益略超14%，仅高于上证指数13.87%的涨幅，而2020年基金平均收益率为42.32%，收益率超过14%的基金达到了4011只，占当期基金总数的57%，有1726只基金收益率超过50%，107只基金收益率翻倍。

图8-8是工银瑞信的一份报告里的，统计了从2011年1月1日到2020年12月31日这10年期间，任意时间投资基金的收益情况，持有的时间越长，盈利比例和收益率越高一些。

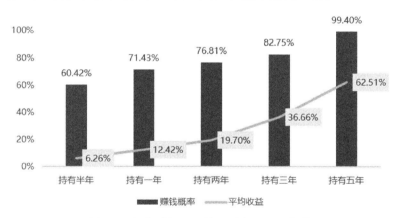

图8-8 任意时间配置偏股混合型基金指数

三、解决长期持有障碍的办法

分析出来原因后，就可以找到相应的解决办法。

（1）基金比个股风险可控。首先解决的是认识问题，我们一定要认识到，基金比个股的风险可控，因为基金单一持仓不允许超过 10%（由于历史原因，目前有几只指数基金单只持股是超过了 15%的），这就最大限度地避免了黑天鹅的灭顶之灾。当然，这也失去了重仓某些个股数倍盈利的可能。这里面就是一个取舍，放弃小概率的暴富机会，获取慢慢变富的投资机会。

（2）确保用闲钱投资。要做到长期持有，那就要做好闲钱规划，总是拿急用钱投资，做不了长期投资，而且还极有可能由于心态失衡和市场调整，造成亏损。所以，我们一定要用闲钱定投，比较理想的情况，3 年以上不用的闲钱投资股票型基金，6 个月至 2 年不用的闲钱投债券型基金。这也是我对跟投"悄悄盈"和"年年红"的朋友强调的基本要求。

（3）定投是个办法。要满足闲钱的需要，还想长期持有，基于散户大部分钱定期流入的特性，定投是非常符合人性的一种投资方式。也就是说，不管你是按月还是按周，坚持定投，主动回避择时的问题，这对于普通散户来说是一个投资的好办法。

（4）跟投基金组合。不是说你非要跟投"悄悄盈"和"年年红"，虽然 2020 年"悄悄盈"是蛋卷基金定投型组合第一名，但并不意味着可以一直第一名。跟投大 V 基金组合的好处在于有大 V 筛选优秀的基金，肯定比自己要靠谱一些。靠谱的大 V 还会把自己为什么选择以及逻辑思路和日常的沟通告诉你，便于跟踪，他投你就投，他撤你就撤。不过跟投的过程中你要确定两件事情，第一大 V 是真材实料还是水货，第二是不是用自己的真金白银在投资。

第五节　长期坚持的复利威力

在我看来，真有价值和有利于生命质量的事情，无非两件：一个是长期做正确的事情，另一个是长期正确地做事。

乍看起来，似乎是一件事情，实际上这是两件事情。

长期做正确的事情，是战略问题，要选择正确的事情去做，什么是正确的事情呢？我还是以投资为例，这个正确的事情就是围绕那些好公司和好行业去投资，只有这样，才能保证我们的投资收益从一个长期的角度来说，始终保持昂扬向上。

那么什么是好公司和好行业呢？我个人以为有三种。

（1）一直存在的行业，这样的行业可能增长不一定特别快，仅仅保持一个跟 GDP 同步就够，这里面的龙头公司在日积月累中形成的龙头地位不是轻易能够撼动的，这样的公司确实是可以长期投资的，比白酒、银行、保险、水电等。

（2）新兴的产业，世界是发展的，人类文明是发展的，那么发展的过程中，总会有各种新兴产业涌现，这些新兴的产业代表了人类文明的方向，而且从行业的角度来说并不难识别，比如人工智能、太阳能、新能源车、医疗等，这类公司投资个股比较难，波动太大，但投资行业，通过基金进行投资是非常可行的。

（3）未来会变差的行业，在发展的过程中有人变得更强就有人变得更弱，总会有一些行业慢慢地衰竭和被替代，就像汽车替代马车一样，这样的行业即便是再便宜也不能投资，比如煤炭，看得到什么新的应用场景吗？

这是关于长期做正确的事情，那么还有一种是长期正确地做事。

长期正确地做事属于战术层面的事情，也就是落地，同样很重要。在我看来，至少有三点我们可以把握。

（1）始终围绕长期正确的事情去做，也就是只投资优秀的行业和公司，垃圾公司和下降趋势下的坚决不参与，再好的机会也不参与。

（2）把握其中的节奏，目前的 A 股市场不是一个普涨的市场，是一个结构化的行情，我们不能因为行业优秀、公司优秀就盲目地投资，就不管不顾地在高位继续投资，这样其实收益会变得比较平庸。比如现在，以医疗、新能源车、光伏包括消费在内的新兴产业，普遍都进入了高估值以及调整状态，而与之对应的是长期存在的大金融、房地产、细分中小市值龙头等长期保持了绝对低估，这时候，同样是优秀的行业和公司，我们该怎么选呢？不要把这定义为行业轮动，它们都很优秀，市场给了不同的定价，当然我们应该选择便宜的，对于基金投资就是如此。

以"悄悄盈"为例，2021 年 2 月 22 日和 23 日连续的止盈新能源车、医疗和有色基金，转投低估值的大金融、细分中小市值龙头等基金，短期来看，止盈的基金卖出跌幅普遍在 5%～10%，调仓买入的基金总体收益率应该是正的。从中长期角度来说，也会有不错的收益，未来高估值的板块调整到位，我会再重新调仓，增加新兴产业的仓位。"悄悄盈"的每一笔投资都是我自己的真金白银，每周一都是我的定投日，一笔一笔下来，36.99%的年化收益率是大幅超出了我10%的目标的。

（3）重视定投。定投和配置是两种不同的投资方式，定投之所以适合我们，是因为绝大部分人都是工薪阶层，利用好每笔流入的闲钱是我们的现实。在定投中一定要定位好闲钱的性质，只有3年以上不用的闲钱才可以投资股票型基金，6个月以上不用的闲钱才可以投资债券基金。定投的过程中，只要围绕优秀的行业和公司，不追涨杀跌，严格按照定投纪律，分期定投，最后妥妥的跑赢85%的投资者。

这里面大家有发现一个词没有？就是长期，任何事情急于求成的，往往没什么收益。立足长远的、慢慢积累的往往会有超出预期的收益。过去两年市场的大涨，基金的大涨让大家变得很浮躁，仿佛买入就应该大涨一样，实际上这是不可能，也是不可持续的，之后的大跌就是对行情的修复。立足当下，对于我们做基金定投的朋友来说，只要市场仍然处在慢牛的状态，市场仍然有低估值的优秀行业和公司，我们就可以利用基金定投的优势，把握其中的投资机会，耐心等待市场给予回报，而不是因为没有继续上涨或者调整，盲目进进出出，最终导致收益差强人意甚至亏损。

总结三个关键点。

（1）围绕长期优秀的行业和公司进行投资，要注意识别新兴产业和夕阳产业。

（2）不要盲目追涨高估值的优秀行业，还有很多优秀的行业和公司是被低估的。

（3）做好定投，保持好心态平和，遵守定投纪律，持续跑赢 85% 的投资者。

第六节　为什么买基金还亏钱

在各类调研和数据总结中，散户都是亏损的，投资个股是七亏二平一赚，就连最乐观的基金公司修缮过的数据中，还有 50% 的基民是亏损的，也就是说，大部分老百姓通过二级市场的投资都是亏损的，这是为什么呢？我先讲个事情，然后给出我的答案。

之前跟家里的阿姨聊天，她聊起了她的二姐。她的二姐骑着电动三轮车每天往返 20 公里帮助自己的儿子接送孩子。在一次骑行中，路边停靠的一辆车突然打开车门，把她连人带车撞倒了。最后人家赔了几百元钱了事。

两年前，在一个红绿灯路口，由于当天突然停电，没有红绿灯指示，她随即穿行而过，结果路口被一辆酒后驾驶的车辆撞死了。对方找到她家，不让她们家说饮酒了，这样保险公司可以赔付，最后赔付了 30 万元，一条鲜活的人命，就值 30 万元。我问她，为什么你们不报警呢？这种事情能私了吗？她说觉得对方家穷，所以就私了了。我告诉她，这件事情如果正儿八经报案，至少会赔付 60 万元。

当然，这只是阿姨诉说的，不辨真伪，但这里面最核心的一个问题是什么？是这些老百姓不懂法，而且比例并不低，但凡她们懂一点法律，先报案，再找个律师，后面的问题不会这么被动。

我说这个事情，恰恰是由此我就想到了，实际上大部分人买基金亏损的一个很重要的原因就是不懂乱买、瞎买。

绝大部分基民都搞不懂场内和场外是什么意思，也不知道ETF和LOF有什么区别，也不知道指数基金和主动基金的区别，也搞不懂怎么看指数基金的估值，更不要说怎么判断什么时候买风险最低了。在这样的情况下就大规模投资，能不亏损吗？

现在大力鼓励基金事业发展，首先要解决的就是怎么让普通基民理解和认识基金，进而利用好基金投资。我看过很多乡村律师的视频，穿的其实挺寒酸的，头发胡子一大把，跟北上广深动辄百万元律师费的律师有天壤之别，但他们是有理想的，帮助了很多不懂法的弱势群体，未来的历史一定会感谢他们的。同样，真正告诉大家基金投资道理的很多人，把心放端正，多跟普通的基民分享有用的知识，让他们的少走弯路，未来的历史也会记得的。

第七节　投资中的感性为什么总是错

人是高级动物，是动物就有感性的一面，饿了想吃，困了想睡，这都是感性的一面，投资中亏了钱，哭鼻子也是感性的一面，可总哭鼻子也不事啊，也赚不来钱，还总赔钱还是要哭不是？所以，要归根溯源，避免哭鼻子，要赚钱，要笑着把日子过好。那么投资中导致亏损哭鼻子的根源是什么呢？我先讲个事情，道理可能就清楚了。

山东冬季比较冷了，送孩子上学总担心是不是衣服穿得少了，但凡有点风，就想把衣服脱下来给孩子穿上，这就是感性的，人总是会对自己的子女无私的付出。但如果理性地想一想，出门时大人和孩子穿的衣服都差不多，就到学校这两步路，真冷也冻不着，自己脱了给孩子穿上，最终可能是自己会感冒，如果真感冒了，反而影响了家庭生活。所以，脱衣服给孩子是感性，而不是理性，相对而言，人一旦理性思考了，就不会出现问题。

类似的事情其实很多，基本上但凡人从感性出发的事情，多半都不太好，投资上也是如此。

大部分人投资是怎么样呢？股市涨得热火朝天的时候，开始大规模进场，然后呢？被套了。但凡能理性思考一下，也能知道涨太多的时候要慎重一些。

投资就是一个尽量避免感性决策，尽可能理性决策的过程，要克制感性的冲动，尊重并遵守理性的分析。

（1）分析清楚自己的投资能力和水平，以及精力和经验，再决定是不是要投资。

（2）分析自己的钱是干什么用的。如果是闲钱，会闲置多少年，再确定是买股票基金还是买债券基金。如果是孩子的教育钱，老人的看病钱，家里的生活费和买房子钱，那就不能做高风险的事情。

（3）对自己有个客观的认识，能不能控制情绪和耐心等待。如果能，那么可以适当地等待低估值买、高估值卖。如果不能，不要勉强，踏踏实实定投就挺好，绝大部分人选择定投是对的。

完成了以上三步，基本上也就是对自己有了一个基本的理性认识，那个时候再投资，自然就对多错少，长期坚持下来，大概率都是会赚一些钱的。

本章读后笔记

- 万物皆周期。
- 长期定投复利巨大。
- 投资不能感性。
- 盲目投资基金一样亏钱。

读 后 作 业

投资基金一定会赚钱吗？你遇到过哪些投资陷阱？有没有找到长期盈利的投资秘诀？

快来写出来，告诉我们吧！接下来，我们会一同进入最后一章，行业研究那些事。

第九章

行业研究夯实基金投资基础

第一节　珍惜科创板的历史性投资机会

早在 2020 年 3 月 9 日我参加某直播活动的时候，主题就是"科技的主线不会说变就变"，如今科技股再次走到了调整的路口，很多人又动摇了对科技股投资的信心。但我今天仍然要说，科技股仍然是这一轮行情的主线，不会说变就变，其中科创板的重要性不言而喻。随着市场的短期调整，唯一跟踪科创板的指数——科创 50 指数迎来首批 ETF，而这批科创 ETF 将迎来更好的投资机会。

下面，我从投资股市的必然，到选择指数基金的优势，再到投资科技股和科创 ETF，大致分析一下。

一、要珍惜股市的配置机会

大盘在 3300 点附近反复盘整，很多人是坐不住的，总感觉天好像要塌下来一样，早忘记了 A 股市场是最好的权益资产配置品种了。我们从投资大环境和 A 股自身两个方面来看。一是从投资大环境来说，"加快构建以资本市场为核心的直接投融体系"的定位，加速推出的注册制都在把市场最优质的公司资源推向资本市场，而这些优质的公司带来的财富增值机会十分难得。二是从 A 股自身来说，3300 点的 A 股 TTM 还不到 16 倍，虽然有消费、医疗和科技的局部高估，但并不影响整体低估的事实。

我们还要看到，股票和基金类资产在中国居民的资产配置中的比例很低。这主要是因为过去 20 余年我国是工业化经济，地产链是我国经济中的主导产业，企业的融资方式也以银行信贷为主（社融存量中银行贷款占比超过 70%，股权占比不到 5%），因此居民资产配置中以地产为主。但随着经济转型，未来主导产业将从以前的工业主导转向"信息+服务业"，地产在经济体中的重要性将逐步下降。

着眼未来，一方面产业结构调整后，股权融资的重要性凸显；另一方面，金融供给侧改革的背景下，刚兑被打破，权益资产的性价比上升，且长线资金也在逐步引导入市。类似 20 世纪 80 年代的美国，居民资产配置会逐步偏向权益。2020 年新发权益公募基金规模净增加达万亿元，而 2019 年月均只增加 200 亿份，2020 年再融资新规、证券法、注册制等股市政策也在快速推进，股权投融资大时代已经来临。

二、指数基金是普通投资者的优先选择

投资股市也不是盲目买就可以了，个股方面要做的功课太多了，随随便便去买往往也会随随便便卖掉，最终亏多赚少，所以个人投资者比较好的选择还是通过指数基金来投资。

关于基金的投资，我写过一系列的文章，有心的朋友可以翻出来看看，包括构建的"悄悄盈"基金组合。为什么说指数基金是普通投资者投资 A 股市场的优先选择呢？很简单，指数基金

是以一揽子股票为成分股的股票组合，它按照一定条件筛选符合条件的个股，会把绝大部分垃圾股排除在外，保留的都是优质的公司，这样的集合确保了指数的一直向上。那么，投资优秀的指数基金自然就会取得不错的收益。

三、科技仍然是主线，科创 50 指数要重视

前面说完投资 A 股的必然和选择指数基金的优势，再说下科技股的投资机会和科创 ETF 的事情。

1. 科技的主线仍然不会说变就变

老股民都知道，每一轮牛市都会有一条清晰的主线贯穿始终，2015 年疯牛的主线是"互联网+"，包括东财在内的，还有破灭的乐视等都是。那么，为什么说这一轮的主线就是科技呢？

（1）我们当前最难也是最应该突破的是科技产业。

（2）目前，我国主要支撑和支持的是科技产业发展。

科技的重要性不言而喻，难道说现在调整科技的牛市就结束了吗？

2. 科技股的调整幅度已经很大，短期出现了投资机会

半导体指数已经从 8365 点，最低跌到了 6501 点，调整幅度达到了 22%，计算机指数的调整也达到了 11%，龙头个股包括兆易创新、韦尔股份等，跌幅都达到了 40% 左右，应该说调整是比

较充分的。

3. 对于科创 50 指数的投资机会要重视

为什么要重视科创 50 指数呢？

（1）科创 50 指数的战略意义重大。科创 50 指数中的行业特点非常鲜明，代表了创新经济的发展方向（见图 9-1）。

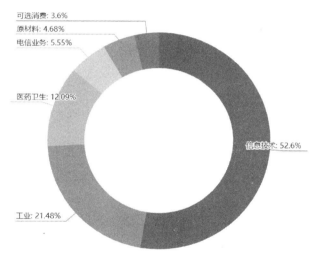

可选消费: 3.6%
原材料: 4.68%
电信业务: 5.55%
医药卫生: 12.09%
信息技术: 52.6%
工业: 21.48%

图 9-1　科创 50 指数中的行业分布

（2）科创 50 指数的编制合理。这一指数编制有不少先进之处，比如，每季度调整一次成分股，比起大部分指数半年调整一次缩短了调整周期。另外，这个指数只有 50 只成分股，随着科创板的逐步壮大和优质公司的持续发展，优中选优的指数质量也会越来越高。

（3）成分股具有稀缺性。稀缺性主要来自于两个方面，一是科创板已吸引了包括沪硅产业、寒武纪、心脉医疗、南微医学等非常优秀的科技、医药类企业，总数已达170余家；二是科创板允许特殊架构、亏损等上市条件，也吸引并正在吸引更多的互联网公司从港美股市场回流科创板二次登陆，包括已经上市的中芯国际-U、康熙诺-U。

投资者要注意的是，由于科创板上市公司多处于成长期，业绩波动性可能高于传统行业，因此科创50指数的走势也会体现该特点，投资者需要对此类产品的风险收益特征建立合理认知和预期。

4. 与一般的指数基金相比，ETF独具四大投资优势

这么优秀的科技类指数基金，当然被很多人都盯着，2020年9月22日正在发行科创ETF的就有工银瑞信等四家基金公司。

（1）跟踪更紧密。

（2）运作成本更低，ETF独特的实物申购赎回机制，有助于降低ETF基金的运作成本。

（3）交易更便利，可以如股票一样在二级市场交易。

（4）组合公开透明，每日公布投资组合。

科创ETF的面世，可以说为普通投资者布局科创板提供了极佳的武器。

第二节　生命科学支持产业链

一、生命科学支持产业链概览

1. 生命科学支持产业链简介

生命科学支持产业链服务于生命科学研究及其产业化（如生物制药、体外诊断等）的全过程，包括相关仪器设备、试剂、耗材及服务，是生命科学行业发展的核心基础设施。其中生物试剂是生命科学研究的核心工具库，是指生命科学研究中使用的各类试剂材料，作为消耗性工具在科研活动中被广泛使用，具有品类繁杂、数量众多等特点。

生物试剂被广泛应用于生命科学研究的各大细分领域，可以分为基础科研和工业科研两部分，其中基础科研是指从事基础科学研究的高校和科研机构，工业科研是指专注于特定细分领域转化研究的企业，包括生物医药、疫苗、体外诊断等多个领域（见图 9-2）。

2. 一个产值达到百亿元级快速发展的行业

据权威测算，2020 年中国生物药市场约占全球 20% 的份额，我们假设产业比例是相同的，那么全年国内生物药生产相关产业规模约为 240 亿元。而根据测算，2020 年中国生物科研试剂产业市场规模约为 160 亿元，中国 IVD 原料市场规模约为 100 亿元，二者增速均在 15% 以上。2020 年中国生命科学支持产业总规模可达 500 亿元左右，且在 2024 年达到约 800 亿元的市场规模（见图 9-3）。

图 9-2　生物试剂产品分类和下游应用

中国生物科研试剂市场规模及预测　　　中国IVD原料市场规模及预测

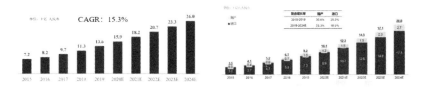

图 9-3　生命科学支持产业链规模

3. 剖析生物科研试剂的分类

在实际的研究中发现，生命科学产业细分领域众多、研究对象复杂、应用场景丰富，配套的生物试剂同样具有品类繁杂的特点，根据材料和用途的不同，研究起来很是费力。为了便于理解和学习，便于后续的跟踪和研究，还是要对这个行业做一些细分的划分，结合市场研究的通用部分，我们把生物试剂分为分子类（核酸类）、蛋白类、细胞类，这里面要数分子类生物试剂市场规模最大了。根据 Frost & Sullivan 数据，2019 年我国生物科研试剂中分子类占比为 50.9%，市场规模为 69 亿元左右，蛋白类占比为 29.4%，市场规模为 40 亿元左右，细胞类占比为 20%，市场规模为 27 亿元左右。

查看历史资料，可以看到国内分子类试剂的市场规模从 2015 年的 39 亿元提升至 2019 年的 69 亿元，年复合增速达 15.8%。据有关研究机构预测，2024 年将达到 124 亿元，2019—2024 年复合增速为 12.3%。下面，我就一个个分析细分的行业。

（1）抗体试剂。在蛋白定量、蛋白工程化改造、药物药理机理研究等方面应用十分频繁的就是抗体试剂了，它是一种核心基础科研试剂，是生物医药在基础科研和药物研发中的重要工具，目前已知的抗体试剂种类多达数百万种。在很多专业性的描述中，抗体具有识别抗原的特异性，所以会被广泛应用于靶点的定性、定量、组织细胞分布、体内外生物活性、相互作用，以及质量分析和质量控制研究。目前几乎所有主流的免疫检测分析方法，包括 ELISA、WB、IHC、FCM、IP 等，都要用到特定的抗体来完成反应。

不过抗体试剂是整个领域里，大概是外资最为强势的和份额最大的细分了，包括 Abcam、Merck、CST、Invitrogen（Thermo Fisher）在内欧美公司，几乎占据了国内抗体试剂市场的 90%，而且中高端市场都被占据，国内现有的厂家包括义翘神州、百普赛斯、金斯瑞、菲鹏生物、华美生物、博奥森等。不仅规模要小很多，品种也非常有限，而且都是游戏中低端的产品，份额不足 10%。当然，我们要客观地看待和承认差距，生命科学这种偏高端的产业，我们只能一步步突破。

（2）重组蛋白。什么是重组蛋白质呢？就是运用基因工程和细胞工程等技术获得的蛋白质，它是很关键的试剂，主要用在生物药、细胞免疫治疗以及诊断试剂研发和生产。原核细菌表达系统、真核酵母蛋白表达系统、真核昆虫细胞蛋白表达系统、真核哺乳动物细胞蛋白表达系统，这四个系统，是生产重组蛋白的最常见的表达系统了。在分析中，也知道了相关公司的核心优势主要就是表达效率高的蛋白瞬时表达系统、合适的表达系统物种，以及高精度的基因工程技术。

规模方面，国内的重组蛋白生物试剂的规模总金额不大，截至 2019 年也只有 10 亿元的规模，但增速非常快，年复合增长率达到了 25.7%，这个速度很快了。市场占比方面，依然是外资大厂们占据绝对的领先优势，但国内品牌已经悄然崛起，义翘神州和百普赛斯在整个国内重组蛋白生物试剂市场中已经各自拿到了 5% 和 4% 的份额，进入了市场前四，表现不错。

（3）分子类试剂。分子类试剂是一个高技术壁垒的领域，制备难度也比较大，而且应用领域非常广泛，包括科学研究、高通量测序、体外诊断、医药及疫苗开发、动物检疫等环节都有广泛的应用，属于专精特新的高端产业。在这个产业里，国内的发展自然是比较落后的，所以有赛默飞、凯杰、宝生物、Bio-Rad 四家大企业的存在，并不是坏事，这为我们学习和赶超做好了标杆。

4. 生物试剂：体外诊断的核心原材料

体外诊断是指在体外对血液、体液、组织等样本进行检测而获取临床诊断信息的产品和服务。在具体的方法上，主要分为免疫诊断、临床生化、分子诊断、POCT 诊断等，这也是 2018 年 10 月牛市启动以来，尤其是抗击新冠肺炎疫情期间，市场表现最好的一个细分板块，孕育了无数大牛股。这个行业上游的耗材，也就是核心原材料，主要有抗原、抗体、诊断酶、引物、探针等生物试剂，这些是决定体外诊断试剂质量的重要因素，在整个产业链中具有关键意义。

菲鹏生物招股的说明书中提到：上游的市场规模在 200 亿元左右，约占诊断试剂和仪器出厂规模的 25% 左右，约占整个终端市场的 10% 左右。根据 Frost & Sullivan 的测算，我国体外诊断原料市场规模从 2015 年的 33 亿元增长至 2019 年的 82 亿元，从增速上看，2015—2019 年的年复合增长率为 25.8%。2024 年的市场规模预计会达到 200 亿元以上，从增速上看，预计 2019—2024 年的年复合增长率将达到 19.4%。这个速度真的很快了，特别是在中国目前这个阶段，还有哪个行业可以如此快速增长呢？

市场格局方面，依然是进口产品占据体外诊断试剂原料市场的主导地位，是绝对的主要供应商。在 2019 年，整个体外诊断试剂原料市场的88%都是被外资品牌垄断的，而过国产品牌总规模只有 10 亿元左右，市场规模和占比都很小，不过发展速度是够快的，2015—2019 年的年均复合增长率达到30.6%，明显高于外资产品的增速。按照常规来说，随着我们国内企业技术水平和管理经营水平的不断提升，以及不断重视和加强的生物科技产业供应链本地化，预计未来数年，国产体外诊断试剂原料市场规模将以 23.3% 的年均复合增长率增长，如果这一增速能够维持到2025 年，规模就将达到 33 亿元，国产占比将达到 16.6%。

分析完以上四个细分产业，我们可以看到中国生命科学支持产业链的特点可以总结为：起步晚，外资垄断，本土企业快速崛起，增速非常快。

正是由于行业发展起步晚等原因，我们目前在供应链上仍然要以进口产品为主，尤其是高端产品更是依赖进口。但近年来国内已有部分企业在单一产品领域逐步突破，可以预见，未来几年我们将迎来上游国产化的大发展。其中上游解决方案企业盈利能力强，净利率高，2020 年以来已有多家企业实现 IPO，而且还有更多的企业在排队中。

二、投资生命科学支持产业的主要逻辑

1. 高壁垒行业

（1）涉及学科多，而且交叉应用，技术难度比较大。在生

命科学支持产业涉及的学科行业，包括了生物、材料、化学、电子、机械等多个专业领域，其中的各细分行业的产品也经常需要在多个学科交叉应用，非常复杂。除此之外，多学科的交叉应用，还需要企业很多年的技术积累才能熟练准确地研发和制造出成熟的产品，也不是一件一蹴而就的事情。

以生物药生产中的生物反应器为例：生物反应器集合了机械、流体、控制、生物等多学科的技术应用，制作工艺复杂。它的工作原理是通过控制温度、溶解氧、pH、流体动力学、营养物质、代谢产物的浓度等主要参数，确保细胞高密度增长，产出产品性能稳定、参数可靠的医药用酶、单抗、疫苗等。

（2）相较用于其他行业的产品标准更高、监管更严格。在满足本身制造要求之外，生命科学支持产业的设备或耗材还需要满足 CDE 等对制药设备及耗材行业法规的监管要求，其中的关键产品更是需要满足行业的 GMP 要求，以便保证药品生产的质量、保证患者的安全和健康。

还是以生物反应器为例，生物反应器除了要满足一般压力设备的标注外，在材料选择、密封性、清洁灭菌、降低生物负荷等方面需要执行更高的标准，尽量提高设备的安全和性能。查验资料可知，其通常需要同时满足 TSG21—2016《固定式压力容器安全技术监察规程》、GB/T150—2011《压力容器》、ASME BPE—2019《生物工程设备》等行业要求，标准很高。

（3）品牌壁垒高，客户黏性大，对供应商的认证周期长。生命科学支持产业的产品与研发、生产的关系紧密，来不得半点马虎，在研发端，产品的质量可以直接影响研发的进度和成败；在生产端，产品质量也会影响到药品生产的效率及质量。所以，客户会进行严格的筛选和抉择。基于生命科学的严谨和复杂性，下游客户对产品的选择十分谨慎，在采购时倾向于品牌认可度高、市场口碑好的试剂产品。而一旦选择了供应商，是不会轻易更换的，这也是生命科学支持产业长期被国外产品垄断的主要原因。

2. 进口替代的动力

（1）国内企业技术逐步成熟，配套技术和服务更全面，国产产品供货周期短。整个国内生命科学支持产业公司多蓬勃发展于2000—2010年，在不断的学习和实践中，这些公司无论是在产品还是在服务上面，都在不断地积累技术、专利和经验，整个产品在技术上与外资差距越来越小，开始达到客户的需要，产品也从低级的初级原材料、耗材向更高端的市场进军。而且在服务的响应上，国内企业普遍能够做到24小时响应并快速反应，能够协助和参与客户的工艺开发，并愿意帮助客户引导开发下游客户。另外，国内企业也充分发挥自身的本土优势，相对于国外产品的长货期，能够快速地满足客户的产品需求，提高客户的生产效率。

（2）医保降价谈判迫使企业控制生产成本。医保降价是一件长期的事情，特别是2020年以来，幅度和宽度都出现了巨大的变化，一旦被纳入目录，药品价格降幅非常明显。例如 PD-1

抗体被纳入医保后，价格大幅度下降。医保降价谈判对生产成本也提出了考验，控制上游生产的费用也是降低成本的重要方式，是药企供应链国产化的动力之一。

（3）新冠肺炎疫情成为进口替代路径中的关键催化剂，加速国产试剂龙头的成长。2020 年新冠肺炎疫情发生后，国产生物试剂龙头企业快速响应，在最短时间内研发出一系列与新冠病毒相关的抗体、基因、重组蛋白等生物试剂，为新冠肺炎疫情基础研究、药物和疫苗、病毒检测试剂盒等抗疫物资的研发生产提供关键支持。在抗疫相关产品的开发中，凭借良好的产品质量、丰富的品种供应、高效的响应速度，国产生物试剂公司打了一个漂亮攻坚战，相关产品不仅取得国内客户的广泛认可，还取得部分国际客户的认可，品牌知名度得到快速提升，客户取得一定的突破。

（4）国内企业对供应链安全的考虑。在实际的运行中，由于响应时间和机制还有市场因素的影响，外资产品的数量、价格会有很多的变化，这与市场的预期经常出现冲突，这给下游的生产供应带来挑战。可以看下数据对比情况，以中国细胞培养基市场为例，根据中国海关数据，在 2019 年之前进口量是逐步提升的。但 2020 年下半年至 2021 年上半年，细胞培养基的进口量增速出现了下降，进口总量较 2020 年上半年甚至有些许回落。而与此同时，细胞培养基的进口总金额却在 2020 年上涨明显，这表明进口单价有明显上涨。可以说，垄断之下的随意涨价，也是刺激中国生命科学支持产业对进口进行替代的重要因素。

3. 各细分赛道的投资逻辑

（1）研发阶段试剂。从行业发展的角度，可重点关注 SKU 数量充足、产品质量稳定、渠道能力畅通的公司。科研端对试剂的种类需求繁多，需要有充足的 SKU 才能满足客户。用于研发阶段的产品批次间稳定，能够重现实验。试剂销售需要面对多众多长尾客户，可能需要配合各地经销商打通渠道。

（2）生产支持。这里主要关注产品技术壁垒高，客户黏性大，一旦完成进口替代就能接替垄断地位的公司，形成长期的供应关系。生物药生产环节较长，涉及多个子行业，产品间差异巨大。一部分行业有较高的生产技术壁垒，需要长时间的研发积累；另一部分则是和药品生产过程接触紧密，在法规和监管上有排他性，这类产品一旦进入临床后期或商业化生产就很难替换，能够带来相对稳定的长期收入。

三、产业链中的代表性企业方向

综合考虑市场规模、技术难度、国产化率，在生物科研试剂中的分子类和蛋白类试剂、产业应用中的 IVD 原料、生物反应器、色谱填料细分赛道上，有些公司业务进展不错，很有突破性，表 9-1 隐去企业名称，仅做业务介绍，便于大家了解产业实际情况。

表 9-1 值得重点关注的本土企业

公司	细分赛道	成立时间（年）	2020 年营收（亿元）	简要投资逻辑
	分子类试剂 MVD 原料	2012	15.64	以高端酶为特色的分子类生物试剂龙头，是一家围绕酶、抗原、抗体等功能性蛋白及高分子有机材料进行技术研发和产品开发的生物科技企业，公司拥有 200 余种基因工程重组酶和 1000 余种高性能抗原和单克隆抗体等关键原料，是国内少数同时具有自主可控上游技术开发能力和终端产品生产能力的研发创新型企业，在分子类生物试剂市场中，公司占有 4.0% 的市场份额。在国内厂商中排名第一
	蛋白类试剂 MVD 原料	2001	10.68	公司是行业领先的体外诊断整体解决方案供应商。菲鹏生物搭建了"核心生物活性原料+试剂整体开发方案+创新仪器平台"三维一体的业务布局，实现了原料、试剂、仪器全产业链覆盖，是行业内提供整体诊断解决方案的先行者。可以提供 1200 多种抗原、抗体、诊断酶等核心原材料，全面覆盖免疫、分子、生化等主流原料筛选和检测平台
	蛋白类试剂 MVD 原料	2007	15.96	品种数量全球领先的蛋白试剂专家。公司目前形成覆盖重组蛋白、抗体、基因、培养基等产品等生物试剂的产品矩阵，在重组蛋白领域，公司拥有超过 6,000 个品种，产品数量在人蛋白、病毒抗原、猴蛋白、大鼠蛋白等重要种属领域均处于领先地位。2019 年公司重组蛋白科研试剂市场占有率约为 5%。在国内厂商中排名第一

（续）

公司	细分赛道	成立时间（年）	2020 年营收（亿元）	简要投资逻辑
	化学试剂\生物试剂	2007	13.84	对标海外龙头公司 Tbermo Fisher，聚集于科研创新"实验室场景"，形成高端试剂、通用试剂、分析试剂、特种化学品、安防耗材、仪器仪表、实验室建设、科研软件等八大产品线。公司相关平台囊括了 Sigma-Aldrich、Meeck、Fisher 等知名第三方品牌产品，通过高效的仓储和配送体系受到了研发人员的青睐。与此同时，公司加强自主产品研发，自主品牌营收占比超过五成
	化学试剂\生物试剂	2009	2.34	是一家集研发、生产及销售为一体的科研试剂制造商。业务涵盖高端化学、生命科学、分析色谱及材料科学四大领域。同时配套少量实验耗材。阿拉丁采用电商作为主要的销售平台，公司产品主要来源于自主研发。科研试剂常备库存产品超过 3.3 万种。"阿拉丁"连续 9 年被评为"最受用户欢迎试剂品牌"。在行业竞争中拥有较为明显的优势
	工具化合物\生物试剂	2006	6.35	公司是主要业务包括小分子药物发现领域的分子砌块和工具化合物的研发。其下游客户涵盖了 NIH、哈佛、中科院等院级学术机构，产品在 Nature 等院级期刊上也有较多引用，已成为国际知名品牌。公司目前包含工具化合物超过 1 万种。多于 Sigma、Tocris 等竞争对手
	生物反应器	1993	27.08	提供非标定制化的整体解决方案及制药系统设备。核心设备涵盖制药流程全周期（原料药、制剂、包装与检查），主要有冻干机、无菌隔离装置、自动进出料装置、灌装联动线、生物发酵罐及反应器、生物分离纯化及超滤系统、口服固体制剂制粒线等

（续）

公司	细分赛道	成立时间（年）	2020 年营收（亿元）	简要投资逻辑
	色谱填料	2007	2.05	是一家专门从事高性能纳米微球材料研发、规模化生产、销售及应用服务的高新技术企业。公司以完全自主可控的单分散微球制备为技术基础，并掌握各种纳米微球表面改性和功能化关键技术，成功推出了满足各类型大小分子生产纯化需求的色谱填料产品，打破了国外在该领域的垄断
	细胞培养耗材	2001	5.04	公司作为国内一次性生物实验室耗材龙头，专注该领域 20 年，相比国内其他企业具有明显的品牌优势和技术优势。以 ODM 模式为主，下游客户粘性高，第一家把表面处理技术工艺引入国内，具有较高壁垒

第三节 装配式建筑：建筑业的未来发展必然方向

2020 年 2 月，火神山和雷神山两座医院在亿万国人的关注下迅速落地建成。在这令人惊叹的"中国速度"背后，除了政府的强力组织动员和一线建设者的辛勤付出外，具有高效便捷、规模化、产业化优势的新技术装配式建筑功不可没。下面跟大家分享一下这个建筑行业中的新兴产业投资逻辑。

一、装配式建筑是建筑业未来发展必然方向

装配式建筑是将建筑的部分或全部构件在构件预制工厂生产

完成，然后通过相应的运输方式运到施工现场，采用可靠的安装方式和安装机械将构件组装而成的具备使用功能的建筑物。通俗地说，我们可以把梁、柱、板、墙等事先做好的建筑构件想象成一块块乐高积木，只需在施工现场把它们像拼积木一样组合在一起。这和搭乐高积木是一样的，装配式建筑将部分或所有构件在工厂预制完成，然后运到施工现场进行组装。"组装"不只是"搭"，预制构件运到施工现场后，会进行钢筋混凝土的搭接和浇筑，所以拼装房也是很安全的。与传统现浇建筑相比，装配式建筑组装效率高、精度高、绿色环保（建筑垃圾较少）、可大幅降低人工依赖。预置混凝土结构（PC），钢结构（PS），木结构是装配式建筑的主要三大形式，此次火神山和雷神山医院的建造模式采用的就是装配式钢结构箱式房。

二、"环保趋严+劳动力紧缺"有利于装配式建筑发展

（1）环保压力大，装配式建筑发展大势所趋。从历史上看，建筑垃圾是造成我国城市环境污染的重要因素。过往我国建筑结构体系多以钢筋混凝土现浇结构为主，生产过程与方式是比较粗放的，大部分施工现场管理无序，造成了钢材、水泥以及水资源的严重浪费。此外，工地脏、乱、差，生产过程中产生的扬尘不仅仅伤害着建筑工人，也往往成为城市里可吸入颗粒物的重要污染源。作为全球第一建筑大国，我国建筑垃圾的排放总量近年来持续上升，2017年达到23.8亿吨，占城市垃圾的30%~40%，

造成了严重的环境污染，这也引起了全面的重视。近年来，我国各个省市地区均颁布了建筑施工扬尘控制的相关治理方案，建筑施工环保要求不断提高。在这样的背景下，装配式建筑工厂化生产方式具备的模块化、分散制造再集中组合、极大缩短工期等特点，大大地减少了现场施工所带来的污染，提高了建筑施工的环境友好性，成了建筑业变革的主要方向。

（2）发展装配式建筑可节省建筑业人工成本。我国建筑行业工业化水平较低，劳动力成本占比较高，特别是随着我国人口老龄化以及劳动力成本的持续攀升，主力建筑工人迅速老龄化，工资水平也在不断攀升，传统建筑业的生产方式已经不能适应时代需要。根据有关数据显示，2015 年以来，我国建筑业农民工人数持续下降，2018 年为 5364 万人，同比减少 1.0%，较 2014 年峰值（6109 万人）下降 12.2%。伴随农民工数量下滑，建筑业农民工工资水平持续上涨，2018 年月均收入达到 4209 元，同比增长 7.43%。自 2018 年以来，建筑工人工资水平继续保持比较快速的增长，却偶有"无工可用"的新闻出现。装配式建筑工业化程度高，总量上可节省人力成本。以常规生产为例，构件厂用 30 人就可以生产出 10 万预制件，同样的量若是传统混凝土现浇结构则需要 300 人。某装配式建筑预制率为 68%，一个标准层总的用工量相较于全现浇减少 32.45%，主要受益于混凝土浇筑、支模、临时支撑的大大减少。

（3）政策大力推动装配式建筑发展。近几年，国家政策向装配式建筑倾斜，出台相关政策越发频繁与落地。2017 年 3 月出台《"十三五"装配式建筑行动方案》及配套管理办法，将装配式建筑的促进落至实际行动方案，明确提出 2020 年装配式建筑在新建建筑中的占比达 15%以上，其中重点推进地区要在 20%以上，2025 年装配式建筑在新建建筑中的占比达 30%。全国政策性文件的颁布与落实给各省市装配式建筑发展明确方向，31个省、自治区和直辖市均针对装配式建筑颁布具体的实施意见、规划和行动方案，其中北京、上海、天津、浙江、江苏等经济发达地区要求 2020 年装配化率达到 30%以上，远高于全国目标，多数地区要求达到 15%或 20%，同时各地政府也积极通过税收优惠、用地支持、财政补贴、容积率奖励等多种方法给予产业发展充分激励。在我实际走访调研包括碧桂园、美的置业等头部房地产公司中，企业自主推进装配式建筑的诉求也很强，模块化、自动化的进度，远超有关要求。

三、装配式建筑市场空间巨大，2021 年将突破万亿元

在政策的大力支持下，近年来我国装配式建筑进入快速发展阶段，新建装配式建筑面积占城镇新建建筑面积比例由 2015 年的 2.7%快速提升至 2018 年的 9%，但仍与世界主要国家 70%以上的装配化率具有较大差距，美国、日本的现有装配式建筑占比高达 90%，法国、丹麦、瑞典、新加坡的装配式建筑占比分别为85%、80%、80%、70%。据平安证券测算，国内 2021 年新建装配式建筑市场规模达到 10790 亿元。其中，装配式混凝土结构、

钢结构和木结构市场规模分别为 5415 亿元、4564 亿元和 811 亿元。

四、技术日趋成熟，极大缩短建筑工期

随着我国装配式建筑评价标准的出台，行业规范体系日趋健全，其中 2019 年北京市发布的 65 项装配式适用技术，为全国大面积推广装配式建筑提供了参考和指导。在三大结构体系中，PC 结构因成本最低、居住舒适度高等特点，在民用建筑中应用最为广泛，因此装配式 PC 技术发展也最成熟。万科等龙头地产商都已在项目中运用装配式建造技术，其中碧桂园自主研发了"SSGF"新建造体系，通过采用全穿插施工、装配式装修等技术，将建造工期缩短 6~8 个月，成为建筑工业化实践标杆。工期就是效益，技术日趋成熟的装配式建筑，对于开发商来说无异于一次效率大提升，会带来比较大的经济效益。

五、建造成本改善空间大，极大提升开发商经济效益

虽然，目前装配式建筑造价显著高于传统现浇混凝土结构，但成本改善空间较大，通过选择合理的装配方案和优化装配式设计环节可有效降低装配建造成本，特别是规模化生产预制构件是降成本的关键所在。从开发商综合经济效益看，装配式建造的工期缩短和政策优惠（容积率奖励、预售节点提前等）产生的间

接效益可显著提高开发商内部收益率（IRR），有助于加快开发商资金回笼，缓解资金压力和降低融资成本，提高资金周转速度，经济效益显著，极大地促进了开发商采用装配式建筑。而且，人工工资增涨和建筑工人老龄化也迫使开发商要加快装配式建筑的发展。

六、投资方向的思考

近年来，政策大力推动装配式建筑发展，除了提出各种装配化率目标外，还以政府项目（学校、医院、保障房等）为示范点，或通过土地、税收优惠推动产业发展。从中长期看，环保、人工压力也决定了工业化是建筑行业未来发展方向，具有显著技术、产能优势的龙头有望受益，重点看好。以下不点名公司的业务方向最具有代表性。

（1）某钢构制造龙头，聚焦钢结构加工制造，与其他同业公司错位竞争甚至形成合作关系，充分享受行业成长。公司自2016年起在公司全国已布局十大生产基地，截至2019年底产能已经达300万吨，为行业第一，规模效应突出，生产成本已具有明显优势，全部建成后产能将达到每年400万至450万吨，随着未来几年产能逐步释放，优势有望不断扩大，业绩预计持续较快增长。

（2）某钢构施工龙头，通过PSC钢结构+混凝土装配式技术有望快速推广装配式建筑业务，相关住宅、学校、办公楼、公寓等装配式建筑产品亦获得市场较高认可，未来相关业务有望快速成长。

（3）某工业化装修龙头，持续研发布局工业化装修，在手专利已达 2000 项竞争优势显著，预计公司已签相关订单逾 30 亿元，今年该业务有望显著放量，未来公司承接住宅精装修、高端公寓、酒店及家装业务市场潜力大。

（4）某钢结构住宅技术和商业模式领先龙头，利用技术优势创新开发"授权+使用"合作模式，入股生产基地。

第四节　军工核心资产和基金清单

一、军工新材料

（1）新材料被称为航空园地盛开的工业之花，"一代飞机，一代材料"是我国乃至世界航空发展史的真实写照。目前，以碳纤维、钛合金、高温合金等为代表的新材料，因其优异的性能而被广泛应用在飞机发动机叶片、机身、机翼、尾翼等零部件上。

（2）当前市场基数小，但下游市场需求旺盛、空间大、持续增长潜力大，具备中长期投资价值。随着新一代先进制程武器进入爬坡上量的阶段，同时新型装备对包括复合材料、钛材、高温合金在内的新材料需求大增，使用比例也不断提升，技术的创新与进步将国产化军工材料从实验室技术推上工业化量产的舞台，国产军工新材料或将迎来快速发展期。我国民航业正快速发展，随着 2021 年底首架 C919 交付飞行，未来两款主力机型——ARJ-21 和 C919 将进入放量阶段，有望带来高性能航材更多需求。

（3）从成长潜力看，三种主要新材料的年均用量有望实现三年翻倍、十年十倍增长。从 2021 年看未来三年，受益于军机新型号放量，钛合金增长确定性强，年均用量大于复合材料与高温合金，"十四五"期间有望实现 25%~30% 的复合增长率。从中长期年均用量看，复合材料的成长空间最大（18 倍）、钛合金有 7 倍提升空间，高温合金有 4 倍成长空间（见图 9-4）。

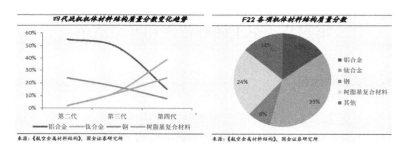

图 9-4　机体材料结构质量分数

（4）军工材料领域有较宽的护城河，相关优质企业地位稳固，一方面军工材料需要大型固定资产的投入，另一方面材料从工艺研发到通过验收，再到稳定量产往往需要 5~10 年时间。军工材料在全产业链中具有相当高的技术壁垒，新进入者不易在短期内抢夺市场份额，因此行业竞争格局好。

（5）受限于军品定价机制，军工产业链下游整机环节的营业利润率基本被锁定在 5% 左右，而上游的材料环节和零部件环节则更加市场化，并且技术附加值普遍偏高，营业利润率平均在15% 左右。同时跟随主战型号放量，规模效应显著，带动单位成本不断下降，带动毛利率逐步提升。

（6）2020年中报显示，整体新材料板块收入利润稳步提升，反映行业景气度持续上行。2020年上半年收入同比增长11.07%，净利润同比增长25.69%，未来随着公司规模效应明显及产品结构优化，行业盈利能力还会持续提升。

二、导弹产业链

这是一个增长快、消耗大、确定性高的军工装备。

（1）全球军备竞赛重启，美国废除《中导条约》后放开了手脚，高速、高机动、核常兼备的中程导弹若在日本、韩国、菲律宾和关岛等地区部署将极大增加中国的导弹防御压力。

（2）精确制导武器由于其突防能力强、命中精度高、杀伤威力大、综合效益高等优势，在现代战争中得到了越来越被广泛应用。

（3）飞机、舰船是携带导弹的主要作战平台，近年来随着新型战机的加速列装以及各型舰艇的密集下水，平台能力快速扩张，新机型上量有望打开导弹类后端配套产业市场空间，行业或进入高景气放量期。

（4）大规模高强度实战实训，导弹成为大额高频"消费品"：根据《解放军报》报道，东部战区陆军某旅2018年枪弹、炮弹、导弹消耗分别是2017年的2.4倍、3.9倍和2.7倍。2020年开训动员令再次强化了实战实训的要求，将装备技术优势转化为能力优势和作战优势。

（5）数量规模是导弹武器形成有效战力的必要条件，在外部环境发生巨大变化的背景下，从实战需求出，发国内亟须补充新一代导弹武器的储备量。

（6）据安信证券报告，从目前了解的情况，在备战策略下，"十四五"期间军工各领域订单十分饱满，导弹、航天特种装备订单可能是"十三五"期间的 3~5 倍，年均复合增速在 30% 以上，增速非常快。

三、军机产业链

航空主力型号逐渐或已完成定型，进入批产上量时期。

（1）从结构看，我国军用飞机二代及二代半飞机占比仍然较高，信息化程度高、综合战斗力强的新机型配备不足。以战斗机为例，美国的三代机占比为 85%，四代机占比为 15%。而我国二代机占比为 58%，三代机占比为 41%，四代机（歼-20）仅少量列装。

（2）过去几十年受制于先进机型的研发和批产进度，尤其是部分核心部件的国产化能力，我国军用航空市场的庞大需求一直无法得到满足。但是近年来发动机进口下降，重点型号国产航发产业化能力逐渐成熟，阻碍军机批产上量主要的瓶颈已经明显改善。随着歼-15、歼-16，轰-6K、轰-6N 等机型的加速列装，尤其是歼-20、运-20、直-20 等我国新一代军用飞机的陆续批产，标志着我国新一代机型的拼图已基本补全，亟待量产配套跟进。

（3）国内新型号军机陆续实现定型交付，"十四五"期间有望加速列装部队。近年来，我国各大军机主机所加紧研制新型战机，各型战机陆续完成定型并开始交付部队。

四、国防信息化产业链

（1）党的十九大报告提出，确保到 2020 年基本实现机械化，信息化建设取得重大进展，力争 2035 年实现国防和军队现代化。而信息化为军队现代化建设的主要发展方向，未来 15年将是信息化建设的关键时期。根据军费三三制原则及目前国防信息化支出占国防装备费用约 30% 的比例，假设 2025 年占比达到 40%，则至"十四五"末国防信息化支出的市场总规模将达到 1.47 万亿元，年均复合增速为 11%，而"十四五"期间军费预算大概率将超预期，因而信息化支出复合增速实际可能会更高。

（2）战区互联互通体系的建立或是信息化建设重中之重，国家将加大投入对指挥信息系统进行升级改造，打通联合作战、战场预警、态势感知、数据资源、领航引导、电子对抗等数十条链路，实现"一网连三军"。

（3）长期来看，国防信息化企业长期充分受益于信息化建设、武器装备更新换代和国产化进程。电子信息装备是军事作战效能的倍增器，新一代武器装备不断定型列装，信息化附加值高，占比不断提高，且信息化系统更新换代速度较快（一代飞机三代航电）。尤其是在美国出口管制的背景下，国防建设自主可控的要求必然带来国产化率加速提升，带动相关信息化公司业绩持续增长。

（4）中期来看，信息化企业具备较大的业绩和估值弹性。在需求端，信息化企业过去两年受军改及五年规划等影响较大，增速低于行业增速，而随着军改完成和新的"十四五"规划出台，可以确认未来几年存在较大的订单和业绩增长空间。在盈利端，具有核心技术的信息化企业将受益于军品定价机制改革及研发费用加计扣除等政策，更加市场化的军品定价机制对于过往没有充分定价的软件、著作权等标的较为有利，会有业绩的大幅增加。军工信息化板块具有 TMT 属性，且不少公司已经进入民用市场，市场给的估值弹性也较大。

五、无人机产业链

（1）无人作战正在深刻改变战争面貌，无人装备是未来作战装备首选之一。无人作战系统具备有效降低伤亡，实现精确侦察、打击、补给，配置灵活，大幅提升作战效能等诸多优势，并在多次局部战争中得到广泛应用。随着新军事变革的迅猛发展，人类战争正向信息化战争形态转变，无人化将成为重要的发展趋势。

（2）对比美国无人装备，我国潜在发展空间巨大。美国智库"战略与预算中心"把无人作战系统技术视为未来美军五大技术支柱的核心。2019年美军无人机采购预算为93.9亿美元，较历史年度近一倍增长。我国无人装备仍处于发展初期，但在国庆70周年阅兵式上，察打一体无人机等九种无人机，及HSU001无人潜航器首次亮相。无人装备是我军掌控未来战争主动权的有力保障，战略意义十分重大，未来我军将加大对无人装备的研发、采购投入，无人装备市场需求有望加速释放。

（3）在军用领域，无人装备在战争中的应用场景不断拓展、消耗属性强，需求空间大。无人机作为"作战工具"是一种典型的消耗品，近年来，在战场上无人机被击落或损毁的报道不断。

（4）在民用领域，除了目前已经常见的无人机农药喷洒之外，现在以及未来无人设备在测绘、巡检、勘探、气象、物流、环境监测、灾后救援、水下打捞等诸多方面均将发挥不可替代的作用，进一步打开产业成长空间。

（5）无人机市场快速增长，近期Gartner发布的数据显示，未来10年，无人机产业产值将突破4000亿美元。5G应用将进一步刺激无人机需求的增长。预计到2025年，我国军用无人机市场将达到147亿元。未来五年全球工业级无人机市场年复合增速预计为25%。

（6）全球军贸，军用无人机是出口的重要方向。随着彩虹系列、翼龙、翔龙无人机的研发成功，我国无人机技术已接近国际先进水平，部分企业如航天彩虹已实现批量出口。

六、北斗产业链

（1）2020年6月23日，北斗三号最后一颗全球组网卫星发射成功，北斗三号系统已正式建成，具备了对全球提供服务的能力。

（2）短期来看，军用北斗三号换装和军工信息化发展为行业带来了巨大驱动力。2012年北斗二号组网完成后都伴随了相关设备系统的放量。预计北斗三号换装订单将于2020年下半年开始，大规模的换装将于2021年显现，替换过程将贯穿"十四五"时期。

预计常规终端、无人平台和机载弹载将是北斗军用换装的主力市场，市场空间都将超百亿元。同时，我国正处于实现第二步规划"基本实现机械化、信息化建设取得重大进展"的关键时期，北斗三号组网以后，将作为军工信息化的重要产业链之一，为军工信息化加速的进程做出贡献，北斗的渗透率有望进一步提升。

（3）长期来看，民用领域国产替代与应用创新是行业持续生命力。北斗正全面迈向综合时空体系发展的新阶段，将带动形成交通运输、高精度应用以及大众市场等数万亿元规模的时空信息服务市场。

七、军工相关指数基金和主动型基金

从场内 ETF 角度看，主要有国泰中证军工 ETF（512660）、华宝中证军工 ETF（512810）、富国中证军工龙头 ETF（512710），其中 512660 和 512810 跟踪的是中证军工，512710 跟踪的是中证军工龙头。虽然两个指数编制上有所不同，但其实并无实质性差别。

从场外来说，目前跟踪的军工的基金有 24 只，包含主动型和被动型，涨幅比较靠前的是长信国防军工量化混合、易方达国防军工混合和博时军工主题，富国军工、中邮军民也表现很突出。

第五节 汽车产业链的四条黄金赛道

可能很多人认为传统汽车行业是偏周期性的成熟行业，因为国内外汽车保有量已达较高水平，更多是存量市场了，未来没有多大的成长空间。而正处于快速成长期的新能源汽车行业，市场更多关注的也是"三电系统"（电池、电机、电控），而其他领域真的没有成长性吗？下面通过梳理挖掘汽车行业里具有长逻辑的成长空间，以及较广阔的四个优质细分赛道，相信这里面必将诞生新的大牛股。

一、轻量化

燃油车和新能源车的共同发展趋势。

1. 轻量化的驱动逻辑

汽车轻量化是未来行业发展趋势，受到政策和市场共同推动，在传统汽车、新能源车上都有应用，其发展驱动逻辑也非常清晰。

（1）从国内政策规划方面，一直在积极推动轻量化。《中国制造2025》中，在汽车发展的整体规划上强调了"轻量化仍是重中之重"，力争在2025年整车质量平均减轻20%，单车用铝合金达250千克（铝合金是目前整车轻量化的主要方式），而2019年单车用铝仅130千克，离未来轻量化目标仍有约90%的空间。

（2）双积分迫使燃油车车企重视轻量化。2017年工信部对双积分进行修订，规定2021年及以后平均燃料消耗量实际值/达标值不高于123%，新能源双积分方可结转，目前大部分车企的实际值/达标值高于123%。而双积分政策在2020年以前都是"试运行"，2021年开始要开始严格施行。因此，传统车企现在会更加注重燃油车的节能减排。而汽车轻量化是目前降低油耗投入产出比较高的途径之一，汽车整车质量降低10%，燃油效率可以提高6%~8%，寿命增加50%，动能节省10%，刹车距离减少5%。

（3）轻量化显著有助于提高新能源车续航里程。目前新能源车对轻量化的需求更加迫切，我国电动乘用车普遍偏重 10%~30%，电动商用车普遍偏重 10%~15%。根据测算，纯电车整车重量每降低 10 千克，续航里程可增加 2.5 千米，可以缓解新能源汽车的续航里程问题。根据测算，减轻 100 千克的成本为 800 元左右，能够实现的续航 25 千米，而单纯从提高电池技术来增加续航，则至少需要 1250 元。因此，目前来看轻量化是提高新能源车续航里程的重要方式。

2. 轻量化的方向和产业链

汽车轻量化可以通过材料、设计和工艺三个途径去实现，达成减重的效果。而在汽车轻量化领域中，从零部件上可以从三大方向进行减重：车身轻量化、底盘轻量化、动力系统轻量化。

车身轻量化主要实现方式是通过热成型工艺提高钢材料性。钢材是汽车车身的主要材料，虽然使用新材料（如铝合金、碳纤维）进行车身轻量化效果较好（减重 40%~60%），但是由于价格的关系，目前还未得到普及（铝合金比钢贵 10 倍，碳纤维更是贵得离谱）。因此，当下车身轻量化主要通过使用高强度钢制作的关键结构来减少 20%~30% 的零部件重量，从而实现轻量化的目标。

在制钢工艺中，通过热成型工艺制造而成的高强度钢，其抗拉强度比一般普通高强度钢高 3~4 倍，使用在防撞梁、A 柱等汽车零部件上时可以大大提高汽车的安全性。热成型高强度钢由于性能上的优势，已被多家汽车企业使用，例如奥迪就在A8D5上将部分铝合金材料替换成热成型高强度钢材。目前，全世界有400条以上的热冲压生产线，而中国就占了约25%。不论在技术或是价格上，国内企业已经赶超了外资品牌，国产替代正在发生。

底盘轻量化性价比较高。从性价比上来看，汽车悬挂以下零部件（底盘）的减重性价比远远高于悬挂以上结构的减重。根据汽车产业有关统计，悬挂以下的零部件质量每减轻1千克，带来的效果等效于悬挂之上零部件质量减轻5~10千克，说明底盘轻量化相较于车身轻量化的性价比更高。

从减重方式看，目前底盘轻量化主要是靠铝合金材料替代实现。2019年底，盘轻量化市场规模约为140亿元，预计到2025年将达到400亿元左右，年复合增长率约为20%。而转向节轻量化在底盘中最具性价比，根据测算，转向节每千克减重成本仅为14元（底盘零部件减重成本平均约为每千克45元），带来的减重效果却达11千克左右，仅次于副车架（减重20千克，但成本高达每千克73元）。因此，轻量化转向节也是目前渗透率最高的底盘零部件之一（约为30%）。特别是在"BBA"（高端品牌）车型中，渗透率在90%以上，几乎完成全覆盖。轻量化转向节目前正往中低端车型渗透，预计未来行业渗透率有望达到60%以上。从2019年开始，国内外主要的新能源车型都开始采用轻量化底盘，例如特斯拉Model 3、广汽Aion S、蔚来ES 8等。

汽车动力系统包括发动机、燃油系统、排管装置等，其中发

动机是核心部件，其成本占比为整车的 18%，质量为整车的
12%。因此，发动机的轻量化不仅能减重，还能降低成本。当
下，发动机的轻量化主要也是靠材料实现的，发动机的用铝量占
整车用铝量的 30%。相较传统发动机（铁铸），铝制发动机质量
可减轻 20%~30%，同时铝合金散热快还能起到保护发动机的作
用。在乘用车的发动机盖及缸体上，铝合金的使用率已经在 80%
以上，预计后期将实现 100% 覆盖，用量也将提升。

二、热管理系统

堪比苹果产业链中的光学赛道。

1. 热管理是高弹性的新能源车零部件赛道

汽车热管理的主要作用是温度控制和冷却，以保证汽车零部
件处于最佳温度区间内，关系到汽车的驾驶安全和舒适性。可以
说，汽车热管理系统的优劣直接影响到整车的性能和安全性，是
新能源车的安全生命线。

新能源车的热管理需求比燃油车复杂得多，由于驱动原理不
同，新能源车在原有燃油车的基础上又新增了电池、电机电控热
管理系统，并对汽车空调系统提出了更高的要求。相比传统车的
热管理系统，新能源车的电池和电驱动的热管理是从 0 到 1 的新
增领域，空间巨大。电动车热管理技术加速迭代，新方案持续渗
透，并且单车价值量提升，目前价值从燃油车的 1910 元提升至

8000 元，占总车成本的 5%（以 Model 3 为例）。

而随着热管理中热交换器逐渐从 PTC 转向热泵，单车热管理价值未来还有较大的上升空间。看到热管理的这两个特点，就让我想到了苹果产业链中的光学赛道（光学赛道因单机价值不断提升，技术不断演进，其中舜宇光学，股价涨幅超 200 倍），完全新增的空间足够大了，热管理赛道值得重点关注。数据统计方面，国内市场今年有望突破 100 亿元，2025 年有望突破 400 亿元，年均增长速度为 32% 左右。而全球市场今年有望达 260 亿元，2025 年有望达 1100 亿元，年均增长速度在 33% 左右。

2. 热泵是未来方向，电子阀价值提升

新能源汽车的热管理系统更复杂，以纯电动车为例，热管理系统通常包括制热系统（PTC 或热泵）、制冷系统、电池热管理系统（液冷，与空调系统换热）、传动冷却系统（油冷，主要用于减速器）、电机电控/电源/IGBT 模块等零部件热管理系统（液冷，独立换热或与空调系统换热）等至少五套子系统，PHEV 车型在此基础上还需为发动机系统进行热管理，等于是燃油和电动两套热管理系统，复杂性大幅提升，新增电子膨胀阀、电子水泵、多通冷媒阀、电子水阀、电池冷却器、水冷板、气液分离器等增量零部件。

新能源汽车空调新增制热功能，但 PTC 的结构简单、制热效率要低不少，相比于 PTC，热泵制热效率更高，成本增加不多，大有成为未来的主流应用趋势。当然，热泵空调结构更复

杂，增量零部件包括电子膨胀阀、多通冷媒阀等阀件，以及气液分离器等零部件，单车货值较 PTC 系统再提升 500 元以上达4000 元多。相比于 R123a 和 R1234yf，CO_2 冷媒环境更友好、低温性能更优，未来有望成为热泵冷媒的主流技术路线。随着热管理系统复杂度的提高，核心零部件集成组件化是未来趋势。

3. 市场竞争格局

凭借在传统车空调热管理领域积累的经验，国际巨头顺理成章地切入新能源汽车领域，头部电装、马勒、法雷奥、翰昂等企业仍占据新能源车热管理领域的主导地位。而国内企业则从核心零部件出发，从阀类、高压管件等方向突破，进入壁垒高、外资尚且不集中的赛道。例如，三花智控基于在白电空调等领域的优势，布局新能源汽车热管理泵、阀类产品切入市场，绑定特斯拉、大众 MEB 等主流车企。

目前，国内已经有多家企业切入了热管理赛道，其中壁垒较高的电动压缩机均被国外核心企业垄断，内资供应商则从阀类、管件等环节开始突破，目前已经有明确业绩兑现的是三花智控，而银轮股份以往深耕传统燃油车热管理，因此切入也较为顺利，而其他诸如拓普集团等也正在努力进入这个赛道。

三、不要轻视车灯赛道

"自带流量"的黄金赛道。

1. 千亿元级市场空间且集中度高的黄金赛道

在很多人的印象中，车灯是最简单不过的汽车元器件了，而且没有什么技术含量，算不上什么细分的好赛道，为什么我还要把它定义为汽车产业链的四条黄金赛道之一呢？这就是感官和客观的区别了。

汽车车灯是集照明、信息交流、外观美化等功能于一体的关键零部件。车灯价格在汽车零部件中名列前茅，仅次于发动机、变速箱和座椅，主流配置车灯价格在 1500～3000 元区间。作为一个充分竞争的产业，车灯行业技术壁垒高，行业集中度高。2016 年，全球车灯市场 CR_3 为 53%，CR_5 为 72%，集中度显著高于其他零部件行业。2016 年至 2022 年的复合年增长率为 5.7%，按照这个增速测算，2025 年全球车灯市场规模将达到 450 亿美元。

该市场呈现寡头垄断的竞争格局，小糸制作、法雷奥、玛涅蒂马瑞利、海拉、斯坦雷等外资厂商占据了大部分市场份额。国内方面，中国汽车工业协会预测 2020 年国内车灯市场规模为 652 亿元，按照 2017—2020 年复合增长率在 8% 以上测算，到 2025 年国内车灯市场总规模可以达到 958 亿元。

2. 技术迭代方向

（1）LED 化。目前普通的卤素灯依然占据了市场大部分份额，但正在逐年缩减。LED 灯自身具备的寿命长、耗能低、光源体积小、成本相对经济等诸多优势，使其渗透率不断提升，开始逐步替代卤素灯成为主流。

根据中国产业信息网测算，2019 年，卤素、氙气、LED 前照灯渗透率分别为 45%、30% 和 25%，按照正常的更替速度，预计 2025 年卤素、氙气、LED 前照灯渗透率分别为 20%、30% 和 50%，国内 LED 车灯市场空间有望达到 435 亿元，2020—2025 年复合增速为 10%。随着 LED 前照灯渗透率不断提升，也将带动控制器市场扩大，预计到 2025 年全球 LED 控制器市场规模为 485 亿元，未来五年年均复合增长率为 19.6%。

（2）智能化。虽然电动车向智能车方向的升级提档，对于车灯智能化也提出新的需求，比如我驾驶的汉 DM，自动灯光调节就非常实用和有效，可以在路况灯光变化的时候，自动切换大小灯和远近光等。现在 ASF、ADB 是两种智能灯光调节、控制系统，目前在中高端乘用车开始加装，但也渗透进入中低端车型（10 万元）左右。总体来看，智能化是未来车灯的必然发展趋势，照明系统智能化的发展将为灯控市场贡献新的增量。

（3）氛围灯市场空间开始增加。氛围灯大多加装在中高端车型上，随着国内新能源车的突破，现在包括比亚迪、小鹏、蔚来等主力车型也开始出现增量需求。而且其下沉的趋势还是比较明显的，目前 10 万元左右的中低端车型也已经开始搭配氛围灯。这主要是因为驾驶者对整车的舒适、豪华感要求越来越高，消费的层次在提高。因此在需求的推动下，氛围灯的渗透率也会持续提升。

四、智能座舱

未来汽车的"第二大脑"。

1. 人机交互，汽车下一个颠覆式创新点

一直以来，智能手机一直是人车交互的入口，包括基本的电话语音、娱乐功能，以及由此带来的整体连接，究其原因无外乎有两点。第一点是汽车智能化是落后于手机智能化的，现在正迎头赶上；第二点是原有传统燃油车载体无法实现智能化和人机交互的升级换代，而恰恰因为这个原因，反而给了智能座驾提供了巨大的增长空间。

2021 年新能源车销量大爆发，人们惊奇地发现，随着汽车电子化程度提高，集成了液晶仪表、抬头显示仪、中控屏幕和后座娱乐的多屏融合智能驾驶舱已经初步具备了模型，由此带来的智能化和安全性的交互体验非常棒，这让人们对未来高级辅助驾驶（ADAS）、自动驾驶和人工智能等新一代技术充满了期待，人车交互接口已有雏形，智能驾驶舱有望成为汽车未来"第二大脑"。根据英伟达预测，未来汽车主要由两大运算单元构成，分别是智能驾驶舱和无人驾驶，定义人机交互的智能驾驶舱在汽车未来发展必不可少，有望成为 ADAS 技术和无人驾驶汽车的标配。

2. 基础设施是前提，运算能力成熟推动智能座舱爆发

在多屏交互背景下，智能座舱有望由一颗芯片提供计算能力。可以预期，未来智能驾驶舱实现的"中控 CID+液晶仪表+抬头显示仪+后座娱乐显示屏"在内的多屏融合体验，对芯片的需求和要求是非常高的，整合各单一系统和屏幕的芯片运算，变成"一芯多屏"的集成式运作是未来的大趋势，作为智能仓的核心，芯片行业的投资价值不言而喻。

3. 智能座舱市场规模

基于收入提升，消费者对汽车安全娱乐的诉求越来越高，他们为更好的驾驶体验付费的意愿还是很强的，这也会推动下游主机厂积极提升智能座舱渗透率。2020 年全球智能座舱市场规模大约是 400 亿美元，测算出 2020 年国内智能座舱市场规模约 566 亿元。

根据采集 60 个明星样本车型的六大座舱产品 2017—2020 年渗透率基础上，基于市场容量、六大座舱产品渗透率、单车价值三步骤预测，大致可以推测未来数年这个细分赛道的增速可以达到 15% 左右，则 2025 年国内总规模为 1030 亿元。其中规模最大的两个细分市场车载信息娱乐系统和驾驶信息系统，规模比例分别为 46.4% 和 34.4%。2020—2025 年复合增速前六大座舱产品分别是：车载信息娱乐系统（6.9%），驾驶信息显示系统（26.5%），HUD（28.5%），流媒体后视镜（45.1%），行车记录

仪（31.8%），后排液晶显示（52.5%）。

4. 智能座舱产业链

现有智能座舱产业链分三大环节：上游（Tier 2 基础软、硬件），中游（Tier 1 单个座舱产品），下游（Tier 0.5 座舱解决方案集成商）。相比传统电子座舱，智能座舱增加了 Tier 0.5 角色，软件取代硬件成为核心壁垒，导致单车价值快速上升和竞争格局的重塑。价值量边际变化排序：Tier 0.5>Tier 2>Tier 1。格局重塑核心点。

（1）2017—2019 年需求周期下行导致传统电子座舱领域进入淘汰赛，尾部企业生存空间日益减少，头部企业国产替代进一步向上。

（2）传统 Tier 1、主机厂、互联网科技巨头三类核心参与者纷纷加大研发投入，正进入智能座舱 Tier 0.5 争夺战，未来五年格局有望逐步明朗。

第六节　科研服务行业的研究与投资

一、科研服务行业：科研事业"卖水人"

近年来在国内研发创新大潮下，作为"卖水人"角色的研发外包服务（CXO）行业成了炙手可热的高景气赛道，相关公司的股价也不断创出历史新高。而科研服务行业则属于 CXO 的上游，可以说是卖水人的卖水人，也是一个空间广阔高景气的赛道，当下更值得关注。

具体来说，科研服务行业是指为高等院校、科研院所、企业研发部门等单位提供科研相关产品以及配套方案的行业。从产品及服务内容来看，科研服务包含科研试剂、实验耗材、仪器设备以及实验室综合解决方案，内涵丰富、业务广泛。从服务客户来看，科研服务覆盖生物医药、化工化学、材料科学、能源环保、食品日化、分析检测、智能制造等众多领域，服务范围非常广泛。概括起来说，科研服务行业是为科研人员提供实验研究所需的原材料、工具材料或解决方案，助力科技创新，为研发机构赋能。

二、中国科研服务行业市场空间广阔

1. 中国科研经费进入新一轮扩张周期

整个科研服务行业的发展与国家科学研究支出息息相关。对标海外发达经济体，中国的科研经费投入仍处于高速增长期，根据国家统计局相关数据，过去 20 年间（2000—2020 年）中国研究与试验发展（R&D）经费投入增长 26.27 倍，年均复合增速为 17.97%，位列全球第一，而美国仅增长 1.44 倍，年均复合增速为 4.57%。不仅如此，整个中国科研经费实际上已经进入了新一轮的扩张周期。2018 年以来，我国 R&D 经费支出占 GDP 比重逐年明显加速提升，到 2020 年 R&D 经费支出达 24426 亿元，比上年增长 10.3%，占 GDP 的 2.4%。这一增速已经是全球第一了，不过从投入总额看，我国仍然位列全球第二，仅次于美国。

这个数据背后是什么呢？这个数据的变化主要触发点就是中美贸易摩擦。中兴、华为被美国制裁后，国家对科技创新、自主可控前所未有地重视。国内企业对供应链安全、自主研发能力将重新定位。

虽然，我国目前已经成为全球研发支出第二大国，但从研发投入强度来看，与发达国家相比还是有很大提升空间的。从政策角度看，科技强国、创新驱动发展、自主可控已明确成为国家战略，关于科技发展和投入的问题，也一直是近几年中央级别会议的重要内容，国家对科技创新的支持力度逐步加码。

2020 年 11 月，明确指出"要坚持创新在我国现代化建设全局中的核心地位，把科技自立自强作为国家发展的战略支撑"，科技第一次被摆在核心地位。

2020 年 12 月，会议中强调"确定科技创新方向和重点，着力解决制约国家发展和安全的重大难题"。

2021 年 2 月 19 日，会议强调要加快攻克重要领域"卡脖子"技术。

2021 年 5 月 28 日，中国两院院士大会和中国科协全国代表大会上明确指出了科技创新在国际竞争中的战略地位，在国际局势面临较大不确定性的情况下，不仅要通过技术攻关来实现产业链、供应链的自主可控，更要通过科技创新来不断增加国际竞争力。

更是指出要充分发挥举国体制在科技领域的优势，助力科技创新。

相信未来随着科技强国创新驱动发展战略的落实推进，中国科研经费投入将迎来确定性持续高速增长，势必将带动科学服务市场容量进一步扩大。

2. 我国科研服务业市场规模已超千亿元

长期以来，科研服务行业属于国家产业政策的重点支持领域，国家出台了一系列鼓励政策，促进该行业快速发展，如《"十三五"国家科技创新规划》提出"加强国产科研用试剂研发、应用与示范，研发一批填补国际空白、具有自主知识产权的原创性科研用试剂，不断满足我国科学技术研究和高端检测领域的需求"；《"十三五"国家战略性新兴产业发展规划》提出"推进适应生命科学新技术发展的新仪器和试剂研发"；《"十三五"国家基础研究专项规划》提出"注重研发具有自主知识产权的通用试剂和高端高纯专用试剂"。

根据国家统计局发布的《2019 年全国科技经费投入统计公告》，2019 年政府属研究机构、高等学校经费支出占 R&D 经费总额比重约为 23.5%，企业占比为 76.4%，为研发经费投入的主力。

据机构估算，2020 年政府下属研究机构、高等学校科研试剂、耗材支出约为 1291 亿元，企业科研试剂、耗材支出约为 1493 亿元。由此测算得出，2020 年，国内科研试剂、耗材市场总规模约为 2784 亿。根据普遍预测，2025 年中国 GDP 将达到 135.71 万亿元，届时如果 R&D 经费占比提升至 2.8%，那么中国的科研试剂、耗材市场规模将超过 4000 亿元。也就是说，五年接近翻倍的增量空间，且空间非常大。

三、外资垄断下，国内公司开始突破

外企占据 90% 以上国内市场份额，进口替代空间巨大。

1. 全球龙头公司主导市场

科技是人类社会突破发展的基础，几乎所有发达国家以及有所抱负的国家，都极度重视科研市场的发展，相应的科研服务需求也保持高速增长。欧美发达国家由于起步较早，行业基础较为完善，相关企业经过较长时间的发展逐渐壮大。目前市场竞争格局趋于稳定，行业内涌现出赛默飞世尔科技（Thermo Fisher Scientific）、德国默克（Merck KGaA）、丹纳赫（Danaher）等一批具有世界影响力的科研综合服务龙头公司。龙头公司通过兼并收购扩大规模，逐渐形成覆盖科研试剂、实验耗材和设备仪器的全产业链布局，市场集中度提升。

2. 国内企业发展起步较晚，以代理外资品牌为主

（1）国内科研服务的巨大市场，吸引着外资企业纷纷到来，可以说我们也需要它们的到来，这些国际龙头公司凭借较高的品牌知名度和优质的产品质量，迅速占领 90% 以上的市场份额。

（2）在这个过程中，国内科研服务行业也逐渐起步，但由

于起步较晚，技术落后、资金缺乏等问题，导致国产企业在品种数量上和质量上落后于外资企业。因此，国内企业大多通过代理国外品牌产品的途径开拓市场，经过多年发展，涌现出国药试剂等具有一定销售规模的顶级代理商。

3. 国产试剂尝试自主创新

经过长期的发展，国产试剂逐步崛起也已经是必然的。在长期进口垄断之下，部分国产试剂开始尝试自主创新，从技术门槛相对较低的化学试剂着手，经过多年的研发投入和经验积累，部分国内企业迎头赶上，涌现出阿拉丁、阿达玛斯（泰坦科技旗下高端试剂品牌）等国产科研试剂自主品牌。

根据《国内实验试剂供应链现状、问题与对策》，在 2016 年统计的 55 家国内试剂生产企业中，有 18 家企业销售额突破了 1 亿元。虽然与德国默克、赛默飞世尔科技、丹纳赫等全球龙头相比，国产试剂在品种数量、客户数量、覆盖市场、收入利润规模等多个维度还存在较大差距，但未来的成长空间也更大。

总体来看，在科研服务的生物试剂方面，我们处在一个外资垄断但国内逐步崛起和突破的时期，一旦取得突破，带来的效益会非常巨大。数据方面，中国科学院面向市场创建的第三方科研服务平台喀斯玛（CASMART）最新统计显示，中国部分科研机构的中高端生物试剂严重依赖进口，其进口品牌交易额累计占比达 79%。

分布格局上看，中国目前进口试剂有 81% 分布在中高端市场、19% 分布在低端市场，国产试剂仅 53% 分布在中高端市场，低端市场分布达 47%，存在较大研发提升空间。

四、行业壁垒非常高

1. 技术与人才壁垒

科研试剂需满足高纯度、高性能、高品质等指标要求，进入该市场的生产企业不仅需要掌握从研发、生产到最终产品形成的全流程技术，还需要具备持续的研究开发能力及技术应用能力。比如一些关键的研发、生产技术如配方、纯化、合成、分析、分装及包装等技术，会有一个反复尝试和试错的过程，不断地总结和提高，企业在实际的生产经营中付出的成本是很高的。

而科研试剂这种高技术含量、跨学科应用的行业，对技术人才的专业性及经验要求较高，对于人才的渴望是非常强烈的，优秀的研发人员需要跨领域掌握药物化学、有机化学、分析化学、生物化学、分子生物学、遗传学、免疫学及材料科学中的若干学科，需要较长时间的技术沉淀及积累方可参与配方、制备工艺及分析方法的研发设计。因此，这也形成了非常强的行业壁垒和人才壁垒，任何新进入者都无法在短时间内完成上述技术与人才储备，也就很难满足客户的需求和要求。

2. 规模壁垒

多达几十万种的科研试剂，这么大规模的品种丰富度也构成了进入该行业的规模壁垒。由于科学研究的特殊性，科研对产品的诉求不仅仅体现在品质上面，还有对品类的要求也很高，需要数量品种的多样性和广泛性，科研试剂企业仅靠单一产品或者少量品类根本无法满足客户需求。

科研试剂品种多达几十万种，技术含量高，技术需要一点点积累，品种需要一个个开发过程，而且随着科学技术的快速发展，科学研究所需的新型研发试剂也呈指数级上涨，传统化学试剂已经不能满足科研需要，市场上又涌现出许多新的试剂品类，但科研试剂的开发需要一个过程，周期相比于其他行业更长，而一旦企业产品线达到一定广度后，规模化效应开始显现，进而形成了强大的壁垒，新进企业无法在短时间内开发出众多品种，难以在行业中立足。

3. 品牌壁垒

品牌壁垒是比较好理解的，因为科研试剂的质量及性能直接影响试验效果，甚至直接决定研发的成败，因此客户对科研试剂的各项功能性指标要求极高。为降低试验失败的风险，在采购时倾向于品牌认可度高、市场口碑好的试剂产品就是必然的，这就是品牌的价值，也是品牌的壁垒。

而一个品牌的培育是一个漫长的过程，除了要求产品质量长期可靠稳定，对企业管理层的稳定运营考验也非常大，只有这样才能满足用户对产品的使用、认可和口碑的需求度，进而让更多的用户信任和使用公司的产品，但这个时间周期非常长，一般需要若干年甚至十余年的时间。而一旦经过长时间的用户使用和考验后，企业的信誉就建立了，就形成较强的用户黏性，从而树立强大的品牌影响力。新进入行业的企业难以在短时间内获得用户及市场的认可。

4. 仓储壁垒

科研试剂作为精细化、高端化的材料，对储存条件要求严格，不同品类产品对温度、湿度、光线及通风等储存要求非常高；也有所不同，如生物活性小分子、蛋白质、酶等生物试剂须储存在恒温或超低温环境下才能持续保持生物活性，不当存放将导致试剂失活，影响试验效果。

同时，化学科研试剂中部分产品属于危险化学品，对于防火、防爆、防中毒、防泄漏等储存条件提出了特殊要求，我国对危险化学品的经营储存实行许可制度，申请《危险化学品经营许可证（带储存设施）》的企业必须配备具备相应安全生产知识和管理能力的专职管理人员。

因此，仓储管理是科研试剂企业日常生产经营的重中之重，大部分科研试剂品牌代理商不具备仓储管理能力，只能对存放要求较低的普通试剂产品进行短期备货，无法介入到科研试剂的生产环节，仓储也成了一个很重要的行业壁垒。

五、五大优势助推国内企业突破

如前所述，当前中国科研服务市场90%的份额被外资企业占据，国内企业不到10%，且大部分还是在中低端市场，进口替代的空间巨大。假设2025年中国R&D经费占比提升至2.8%，国产率达到20%，则国产科研服务市场将从2020年的278亿元增长至866亿元，有两倍增长空间，年复合增长率达25%，媲美当前资本市场炙手可热的CXO和新能源汽车赛道由于目前国产化率极低，科研服务行业长期天花板更高，能见度更远。

但投资不能靠想象，不是国产率低就一定能实现进口替代，还要分析国内科研服务企业突围海外巨头的可能性，我认为目前已经初步具备了成功替代的核心驱动因素，其中有五个优势是非常明显的。

1. 中国高端制造业正在加速崛起

第一个优势就是高端制造业的强势崛起。得益于中国的人口和工程师红利、完整的工业体系、庞大本土市场和技术积累的成熟，以及越来越强的国家级战略和资本市场的支持，近十年来我国从船舶、工程机械、高铁国产化到目前的5G、光伏、新能源汽车迈入世界领先水平，表明高端制造业正在加速崛起，从过去的低端制造迈向高端制造，研发支出逐渐向以美国、日本和德国为代表的制造强国靠拢，中国制造由大变强，已经具备了全球竞争力。

化学是科研试剂的核心学科，科研试剂生产企业主要任务就是利用化学方法制备符合科研方向、达到试剂标准的各类创新研发用材料。因此科研试剂行业本质也是制造业，与中间体、原料药细分行业有较多类似。而我国有强大的石化行业和众多的化工原材料生产企业，已形成产业集群，是化工大国。我国中间体产业已形成从科研开发到生产销售整套较完整的体系，可以生产医药中间体、农药中间体等 36 个大类、4 万多种中间体，有许多中间体产品实现了大量出口，每年中间体的出口量超过 500 万吨，已成为世界上最大的中间体生产和出口国。

从美国 DMF 及欧盟 COS 申报情况看，中国已经超越美国及欧盟，成为全球第二大 DMF 申报数的国家，仅次于印度，全球原料药产业向中国转移趋势越发明显。通过梳理 2018—2024 年专利到期产品、销售额在 5 亿美元以上且原料药消耗量在 100 千克以上的有 19 个品种，印度、中国、西欧是这些品种的主要供应商产地来源。

中国随着多年发展，技术、人才、成本等优势在 CDMO 领域的产业转移中已经得到验证，而印度对于我国中间体的高度依赖成其掣肘。未来中国有望在原料药及仿制药的新一轮产业转移中把握机遇，成为全球"CDMO+原料药+仿制药"的医药高端制造中心。

因此，在中国高端制造业逐步走向全球及医药高端制造加速崛起的背景下，国产科研试剂的进口替代甚至出口海外已经具备了坚实土壤。

2. 部分龙头企业试剂质量达到国际领先水平

外资品牌由于进入行业较早，工艺技术稳定成熟，在学术圈已经形成良好的口碑效应。国产企业发展较晚，早期产品质量良莠不齐，在试用和发展的过程中，有时甚至会对试验结果产生较大影响，想要突破还是比较难的，因为这是一个发展的过程。近年来，随着国内生命科学产业的高速发展，国产企业已经逐渐开始掌握蛋白表达系统、基因重组、蛋白定向修饰、大规模细胞培养等关键核心技术，生物试剂质量得到大幅提升，已经开始了新的突破。以诺唯赞的 TaqDNA 聚合酶为例，关键指标基本达到国际领先水平。

阿拉丁公司自主研发的部分试剂产品已经达到国内领先或国际先进水平，在一定程度上实现了进口替代。绝大多数科研院所对试剂质量要求较高，如果科研试剂质量可以与国外试剂相媲美，同时保证一定的价格优势，未来即可加速国产化替代以及提升市场占有率。

3. 部分国内公司的品种丰富度满足下游应用要求

第三个优势是品种开始逐步丰富并满足用户需求。生物试剂品类繁杂，单一品牌很难满足客户的全部需求。基于科研服务行业的特性，多数客户会希望尽可能从一个供应商采购其所需的所有生物试剂，提高采购效率，因此品种丰富度越高，企业优势越明显。

而中国生命科学产业尚处于属于早期发展阶段，面对几十万种品类，国内的公司想全面具备暂时不太可能了，所以相关公司往往专注于生物试剂细分赛道进行突破，从特定领域来看，部分国内公司的品种丰富度已经相关较高。以重组蛋白试剂为例，义翘神州拥有超过 6000 多种重组蛋白产品，覆盖人蛋白、小鼠蛋白、病毒抗原、猴蛋白、大鼠蛋白等众多细分重要种属领域，品种数量已经超过全球生物试剂知名品牌 R&D Systems。

阿拉丁平台直接客户有以中国科学院、中国医学科学院、中国农业科学院等为代表的科研院所，220 余家 A 股上市公司，并覆盖了全部 985 工程大学、90% 以上 211 工程大学。泰坦科技的客户实现国内 985、211 工科高校全覆盖，并涵盖科研院所、政府机构和创新研发型企业等。

4. 产品价格低于外资品牌

价格优势一直是中国制造的优势，在生物试剂领域也不例外。生物试剂处于生命科学产业链的最上游，其价格波动往往会给生物医药、疫苗、体外诊断等下游产业的研发生产带来深远影响。这些年受到国际复杂形势影响，以及外资品牌强势的垄断地位，进口生物试剂在过去几年中出现多次价格提升的现象，这给下游相关企业带来沉重的成本压力。在这种情况下，国产生物试剂品牌的本土生产、价格相对较低并稳定的优势开始显现，越来越多地得到科研服务机构的关注，市场开始逐步切换。

5. 电商模式与科研服务的"长尾效应"先天契合

第五个优势是国内独有的电商模式和科研服务的"长尾效应"结合。先说科研服务的"长尾效应"。

（1）产品端分散。由于实验室场景对产品的技术条件、规格、用途等条件要求严格，因此包含试剂、耗材、仪器设备等在内的品种数量多达几十万种，SKU上百万种，从终端销售分布来看，没有任何单一品种可以主导市场。

（2）客户端分散。由于科研学科分支众多，客户主要为各个研究领域的企业、高校和科研院所，覆盖的终端客户数量上百万个，服务的科研人员数量达上千万人，相应的采购需求呈现小批量、多批次的特点，虽然单次的产品购买量小，但是重复购买率高。

综合来看，科研服务市场的品种数量和客户需求均较为分散，市场存在明显的"长尾效应"。

而国内的电商模式与行业传统的配送模式有着非常大的区别，有着巨大的优势，可以说电商模式与科研服务的"长尾效应"先天契合，是符合行业发展趋势的新渠道，也是更适合国产品牌进行早期推广的渠道。

（1）电商模式的响应速度更快，配送效率更高。

（2）电商模式的品种更新速度更快。

（3）电商模式迎合年轻科研人员消费习惯。

（4）在阿里巴巴、京东等巨头的开创下，中国本土电商商业模式创新已经玩到了极致，"互联网+"在其他多个行业都积累了大量成功运作经验，快递物流基础设施网络发达程度也是世界领先的。我认为，国内科研服务企业借助"互联网+科研服务"的电商模式，提供高效便利的本土化服务，是最有希望突围国外巨头的一个途径。

6. 新冠肺炎疫情成为进口替代的关键催化剂，加速国产试剂龙头的成长

除了前面肺炎五个优势之外，新冠肺炎疫情期间国内生物试剂的快速响应也加速了自身的快速成长。2020年新冠肺炎疫情发生后，国产生物试剂龙头企业快速响应，在最短时间内研发出一系列与新冠病毒相关的抗体、核酸、重组蛋白等生物试剂，为新冠基础研究、药物和疫苗、病毒检测试剂盒等抗疫物资的研发生产提供关键支持。凭借良好的产品质量、丰富的品种供应、高效的响应速度，国产生物试剂公司不仅取得国内客户的广泛认可，还取得部分国际客户的认可，品牌知名度得到快速提升。

相关公司自身业绩也在短时间得到爆发式增长，如主要做重组蛋白的生物试剂公司义翘神州，在疫情暴发后，公司迅速开发出多种与新冠病毒相关重组蛋白、抗体和基因产品，满足下游科研和工业用户在新冠病毒基础研究、疫苗和药物研发、病毒检测过程中对于生物试剂的需求，2019年公司营业收入仅1.8亿元，2020年达近16亿元，同比增长783%，归母净利润从3000多万

元到 11 亿元，同比增长 30 倍，公司也得以在科创板顺利 IPO，后续有望借助资本市场加速成长。其他几家国产生物试剂企业如诺唯赞、百普赛斯、菲鹏生物也在新冠肺炎疫情的催化下快速成长并申报了科创板 IPO。

此外，在 2020 年新冠肺炎疫情背景下，外资巨头在国内的常备库存出现大量短缺，而海外配送又受到国际通航限制，外资品牌的供货周期普遍被拉长至数周至数月不等，部分进口试剂品种甚至出现断货现象。为保障科研进度不受影响，部分科研单位开始主动选择国产科研试剂。

六、国产突围的两个可能路径

经过 20 多年的发展，部分国产生物试剂公司快速崛起，衍生出以下两条路径：一条是一站式科研服务商路线，另一条是硬核国产自主品牌路线。

1. 路径一：打造一站式科研服务商

由于外资品牌的市场影响力较大，国内大部分企业都是通过代理外资品牌的方式进入科研服务市场，通过不断增加新的代理品牌扩充品种和 SKU 数量，打造覆盖科研试剂、实验耗材、设备仪器的一体化综合性科研服务商。同时为了改变长期以来受制于人的被动局面，部分代理经销商也开始自建品牌，基于长期合作建立的客户黏性，公司可以在客户采购过程中优先推荐自主品牌，不断提升自主产品比例。该模式的优势在于客户端黏性较强，可以最大限度满足科研人员的采购需求，推动行业从下游向上游实现国产化替代。

2. 路径二：打造硬核国产自主品牌

科研人员对外资品牌的追逐核心在于产品的质量水准，如果国产品牌可以达到甚至超过同样的技术水准，科研人员可以接受在试验中使用国产品牌。在外资品牌垄断的情况下，部分国内企业坚持自主研发和自主生产，凭借稳定的品质控制能力逐步征服一线科研人员，并在口碑效应的传导下树立国产自主品牌的形象。

本章读后笔记

- 行业研究是投资的基础。
- 科创板是历史性投资机会。

读 后 作 业

这是最后一章，也是最难的一章，坦白地说，做好行业研究不是一朝一夕的事情，需要我们持续的投入和专注勤奋。所以，这一章没有作业，只有祝福，祝大家投资顺利。

后记　让学习创造价值

亲爱的读者朋友们，随着本书写作的结束，在我人生这一阶段的所思、所想、所为，以及浓缩提炼的经验和方法，基本也就呈现给大家了。在本书出版过程中，我个人也迎来了职业投资的第二阶段，接受了银华基金抛来的橄榄枝，加入该公司投研团队，进一步学习，从而提高自己的投资能力。我也期待着大家在不断的学习中，能够获得自己基金投资的持续盈利。

说到学习，应该说没有比学习正确的投资知识和正确地学习投资知识更能有效地创造价值的了，因为这是直接跟钱打交道的事情。这里也给大家分享我在学习过程中的经验和体会，供大家参考。

一、深思熟虑，选对方向

就投资来说，有股票投资、基金投资、房地产投资等几种常见的投资方向，究竟哪个方向更适合自己，更符合时代发展，需要结合自身的实际去决策。比如，如果是有条件落户北上广深，那么学习房地产投资就是最迫切的。当然，对于当下绝大多数朋友来说，学习基金投资，是最为符合时代发展需要，也是最适合大多数人的理财方式。

二、打好基础，广泛学习

在确定了方向之后，不要盲目地操作，什么都不懂或者只知道一二三就盲目操作，结果可想而知，大概率会在市场的波动中交出高昂的"学费"。在基金的学习中，推荐大家可以学习证券基金行业协会的考试科目：《基金法律法规、职业道德与业务规范》和《证券投资基金基础知识》两本基础教程，了解证券基金投资的基础。在广泛学习上，除了阅读书籍外，可以利用雪球网、天天基金等网站，学习基金的基础知识，以及阅读更有经验的投资者的一些经验文章，所谓聪明人都是从别人的成功和失败中总结经验。

三、找到合适的，重点学习

在经过基础和广泛的学习之后，还要找到适合自己的风格和老师，并沿着这个风格不断深入学习，逐步形成自己的投资体系。

四、学以致用，实践检验

学习的目的是为了更好地应用，在学习的过程中要坚持学以致用，把自己学到的知识逐步应用到实践当中，并在实践中不断检验修正，提高实际应用的能力。

五、终身学习，不断进步

投资这件事情对于我们很多人来说都是一辈子的事情，不管是做职业投资的，还是做业余投资的，只要我们对财富还有追求，那么就会一直做下去。既然是一辈子的事业，自然需要终身学习。需要注意的是，越往后，学习的重点就越要往实践转移，而不是阅读书本了。

此时此刻，恰如彼时彼刻，在书的最后，又谈到了学习，我就想到了自己在 2002 年毕业后进入社会的成长经历：

从最基层的普通工人到机关；

再从国企到上海创业；

再从创业到全职投资；

再从全职投资到加入基金公司。

每一步的成长都是快乐的，每一步的成长都是经过大量的学习和实践才获得的，天道酬勤，必然会学有所成，相信经过持续的学习实践，我们都可以找到自己的成长路径。

各位，未来的社会，投资会是主流的大众理财方式，不懂得理财，不懂得正确理财，我们就会错失财富增值的第二曲线。

预祝大家在投资中都能够有所成就，生活幸福！